名师名校名校长

凝聚名师共识
回应名师关怀
打造名师品牌
培育名师群体

程明遠题

高中英语
单元整体教学逆向设计

唐忠成　程远友 / 主编

北京出版集团
北京教育出版社

图书在版编目（CIP）数据

高中英语单元整体教学逆向设计 / 唐忠成，程远友

主编. -- 北京 ：北京教育出版社，2024. 12. -- ISBN

978-7-5704-7162-1

Ⅰ．G633.412

中国国家版本馆CIP数据核字第2025KE3889号

高中英语单元整体教学逆向设计

GAOZHONG YINGYU DANYUAN ZHENGTI JIAOXUE NIXIANG SHEJI

唐忠成　程远友　主编

*

北 京 出 版 集 团

北 京教育出版社　出版

（北京北三环中路6号）

邮政编码：100120

网址：www.bph.com.cn

京版北教文化传媒股份有限公司总发行

全国各地书店经销

河北宝昌佳彩印刷有限公司印刷

*

710 mm×1 000 mm　16开本　16.25印张　224千字

2024 年 12 月第 1 版　2024 年 12 月第 1 次印刷

ISBN 978-7-5704-7162-1

定价：58.00 元

质量监督电话：（010）58572525　58572393

编 委 会

序　言

PREFACE

　　世界是一个整体的世界，世界中的人是整体的人，人的素养也是整体的素养。为了使学生能够适应这个具有整体性的现实世界，我们需要推动学生多方面素养的整体生成。为了促进学生多方面素养的整体生成，我们就需要建构真正具有整体性的教学活动。为了让实践中的整体教学变得自觉且可见，我们引入了逆向设计的理念与方法。因此，《高中英语单元整体教学逆向设计》的撰写不失为一种富有课改意义和实践价值的努力尝试。

　　从方法论上讲，事物的特性决定了事物的规律和方法，要落实好素养导向的新课程，就必须遵循人的素养的基本特性。那么，人的素养究竟具有哪些特性呢？人的素养绝不是一个个孤立的存在，而是一个不可分割的有机整体，因而具有整体性。在存在方式上，人的素养既不是可以拆分的机械物，又不是多个方面的混杂物，而是各种修养与能力有机融合的综合体。不仅如此，人的任何一种修养或能力本身都是一种整体存在，都是人的素养作为整体存在的具体表现。在发展方式上，如果说人的知识或技能可以通过学习或训练获得，那么，人的素养则是经验、知识、技能、情感、态度、价值观等各种养料成分交互融合的生成物。尽管经验、知识、技能、情感、态度、价值观等各种养料成分同时对人的素养发展发挥作用，但是人的素养并非这些养料成分的简单叠加。只有这些养料成分汇聚为一个有机整体时，人的素养才得以生成。可以说，整体生成是素养发展的基本方式，"炼制"则是素养发展的极佳隐喻。在表现方式上，人的素养则表现为在面对问题时对内在修养和外部力量等各种素养成分的整合性运用。要遵循人的素养所具有的整体性，就要凸显教学的整体性，建构出真正具有整体性的教学活动。鉴于此，《高中英语单元整体教学逆向设计》将整体教学的观念与方法引入高中英语单元教学设计中。

何谓整体教学？按照一般的理解，所谓整体是指若干对象（要素、部分）按照某种内在联系结成的有机统一体，所谓整体性则是指若干对象（要素、部分）之间的内在联系性。依此理解，整体教学乃是教学的各个要素、部分以及各个要素、部分之间具有内在联系性的教学形态。具体而言，对整体教学可以从三个层次加以理解：其一，相对于教学活动的整体，教学活动的每个要素、每个部分本身就是一个整体，即每个要素、部分各自的内部要具有内在联系性。其二，相对于教学活动的各个要素、部分，教学活动本身是一个更大的整体，即教学活动的各个要素、部分之间要具有内在联系性。其三，相对于教学活动的整体，实践活动则是最大的整体，即教学活动的整体性必须基于实践活动。实际上，正是实践活动将学生多方面的学习内容、学习过程和素养发展统摄、融合为一个有机整体。换句话说，如果要让教学活动具有整体性，就必须凸显教学活动的实践性。显然，要使教学活动成为一个有机整体，其关键在于融合。

反观过去，由于深受化简思维的影响，课堂普遍盛行以分离为特质的教学。以分离为特质的教学在宏观上表现为学校教育与外部社会的分离，在中观上表现为学科教育与德智体美劳五育之间的分离，在微观上则表现为知识与知识的分离、知识与事物（情境）的分离、知识与行动的分离以及知识与身心的分离。正是以分离为特质的教学，在很大程度上导致了学生的片面发展、畸形发展和孱弱发展。脱离以分离为特质的教学，代之以融合为特质的教学，乃是整体教学的基本要义。

需要注意的是，本书向我们传达了一个重要观点：教师要做一个自觉的教学者，教学应当是可见的。过去，我们常常凭借自身的习惯、经验和常识进行教学设计，无论是教师的教，还是学生的学，都是不可见、不自觉的。为了让整体教学变得清晰、可见、自觉，我们自然需要变"不可见的教学"为"看得见的教学"，逆向设计便是一种值得借鉴和尝试的教学设计方法。简单来讲，所谓逆向设计就是评价先于教学的设计方法，"按照教学目标确定预期结果—按照预期结果选择评估证据—按照评估证据规划教学活动"则是逆向设计的基本操作模式。鉴于此，本书分别从单元整体设计与课时整体设计两个层面，着重围绕如何设计预期结果、评估证据和学习活动三个重点问题，对高中英语单元整体教学的逆向设计方法进行了实践探讨。

综观全书，书稿中既有基本的理论认识，又有丰富的实践探索；既有方法的提炼，又有工具的开发。书稿中的系列教学设计案例不仅汇聚了教师的教育情怀和敬业精神，还蕴藏着教师的实践思维和教学智慧。我相信，凡是有缘与此书碰面的教学管理者和一线教师，都能从中获得裨益！

李松林

2024年6月于成都

前 言

F O R E W O R D

4年前，在一次培训中，我接触到了格兰特·威金斯和杰伊·麦克泰格（Grant Wiggins & Jay McTighe）提出的逆向设计理论，对其非常感兴趣，于是申报了2021年度成都市教育科研规划课题"基于逆向设计理论的高中英语单元整体教学设计与实施研究"（立项编号：CY2021Y043），以期通过该项研究提升全区高中英语教师的单元整体教学设计与实施能力，推动区域新课程改革，落实立德树人的根本任务，促进学生学科核心素养切实落地。

3年来，我们以课题研究为载体，以工作坊为依托，汇聚区内外英语教师的智慧与力量，整合资源，扎实推进理论研究，躬耕课堂实践，取得了丰硕的成果。此课题两次荣获市级阶段评审一等奖，教师撰写的相关论文获市级一、二等奖的有40余篇，在省级刊物上相继发表的相关文章有10余篇，我和主研教师在省、市级层面做的相关专题讲座和发言有80余次。通过研究，工作坊大部分成员的教育理念得以更新，单元整体教学设计与实施的能力显著提升，课堂教学行为发生了巨大变化，教育教学研究能力与反思能力也大幅提高。工作坊成员也由区内最初的10余人增加到区外、市外、省外的80余人。一批年轻教师在省、市级教学比赛和展示中脱颖而出，得到了专家和一线教师的一致赞誉，部分成员也因此成为区级学科带头人或名师。最可喜的是，相关实验学生的学习方式发生了转变，学习效果也有了明显提升。与此同时，我们聘请了各级专家进行线上或线下指导，这使我们的研究成果的影响力从区内逐渐辐射到市内、省内，甚至省外。

为了使研究成果得到固化，让更多教师了解我们的实践过程，使更多一

1

线教师受益，我们组建了书稿撰写团队，汇聚集体智慧，查阅大量相关文献，在专家的指导下，高度凝练研究成果，最终形成了《高中英语单元整体教学逆向设计》这本书。本书分为绪论和正文内容四章两大部分。绪论部分阐述了高中英语教学设计的问题与反思。正文第一章描述了我们对高中英语单元整体教学的认识及设计理论。第二章描述了高中英语单元整体教学逆向设计的基本框架，为本书的核心章节，向读者揭示了高中英语单元整体教学逆向设计是什么以及为什么如此设计。第三章介绍了高中英语单元整体教学逆向设计的操作方法，是本书的重点内容，告诉读者具体应该怎样做。第四章则是高中英语单元整体教学逆向设计模板及操作示例。

本研究的顺利推进得益于多方面的支持和鼓励。在此，感谢李松林教授在本书编写过程中给予的大力支持，感谢工作坊小伙伴所在学校领导的理解与支持。在整个书稿的撰写过程中，撰写小组凝心聚力、团结协作、贡献智慧，圆满完成了书稿的撰写工作。本书绪论和第一章由胡蓉、冯燕玲、李波、唐忠成、杜善兴撰写，第二章由唐忠成撰写，第三章由杨凯媛、李东婷、唐翠、周珏钰、杜善兴撰写，第四章由杨宛妮、刘春梅、覃艳、罗明映、张平、张又绿撰写。唐忠成负责构建全书框架，并对书稿进行补充、修改与统整；杜善兴、王玉梅、李彪负责统稿与审核工作。程远友对本书提出修改建议等。

由于水平有限，书中难免存在不足之处，敬请读者批评指正。

唐忠成

2024年7月

目 录
CONTENTS

第三章 高中英语单元整体教学逆向设计的操作方法

第四章 高中英语单元整体教学逆向设计模板及操作示例

绪　论

高中英语教学设计的
问题与反思

一、高中英语教学设计的问题

（一）语言工具性与人文性的分离

为落实立德树人这一教育根本任务，践行"三新"（新课程、新教材、新高考）教育改革理念，高中英语教师在教学中必将面临全新的挑战。课题组对所在区域高中学校英语教师的教学设计现状进行了问卷调查，对调查结果进行分析发现，区域内高中英语教学普遍存在"分离式"教学问题。一些教师把一个单元拆分成不同的课时内容，且课时内容之间相对独立，未能从单元整体的视角出发，厘清单元与课时、课时与课时之间的逻辑关系，未形成单元的整体闭环。这说明单元整体教学理念在教师的教学设计中尚未真正落实。由此可见，教师对《普通高中英语课程标准（2017年版2020年修订）》（以下简称《课标》）的研读还不够深入。部分教师的教学理念相对落后，这必然使他们的教学行为也存在落后性。课题组对区域内高中英语教学现状进行有效性分析后发现，所在区域高中英语教师的教学设计中的"分离"现象具体表现在以下几方面。

1. 知识与知识分离

传统的英语课堂教学以传授语言知识为主，多停留在对词汇、句法结构和文章字面意义的理解层次上，是一种单纯的对印刷符号的解码，呈现出一种碎片化、孤立且割裂的知识点教学模式。这种教学模式通常会割裂知识之间的内在联系，导致学生难以在一个连续的整体中去建构知识、把握知识的来龙去脉和纵横联系，也难以形成对知识的整体认知并构建自身的认知结构。学生获取的往往是一些零散、无序、互不关联且较为浅层的知识。这在很大程度上制约了学生的整体认知与深度理解，使学生难以将知识转化为一种能够解决实际问题的迁移能力，这与核心素养的整体性要求是相悖的。

2. 知识与情境分离

任何知识要具有生命力，都必须存在于特定的生活场景、问题情境或思想语境中。一旦脱离特定的情境，知识就是"死"的。学科核心素养实际上就是一种把所学的学科知识和技能迁移应用到真实生活情境中的能力。教师要注重培养学生在真实情境中综合运用知识解决问题的能力；要强化情境创设和问题设计，引导学习方式和教学方式的变革；要加强知识学习与学生经验、现实生活、社会实践之间的联系，注重真实情境的创设，提升学生认识真实世界、解决真实问题的能力。然而，在目前的高中英语教学中，部分教师未能创设恰当的情境，而是采用要求学生死记硬背、灌输式的方式将知识传递给学生，导致学生所学知识与他们的生活缺乏关联，知识对学生而言是生硬的、冰冷的，难以促进学生进行深度理解、形成迁移能力并解决现实生活中的实际问题。

3. 知识与行动分离

陶行知先生认为，行动是知识的开始，知识是行动的结果。知中有行，行中有知，两者不能分离。学习不是简单地获取知识，而是学习者融入真实情境的实践，与他人及环境相互作用的过程。[①]朱熹认为，学习不仅仅是为了获取知识，更重要的是将所学知识应用到实际生活中，从而达到知行合一的境界。然而，在现实教学中，部分教师在认识上仍然坚持理论先于实践的思想观念，在实践中普遍采用"先学后用"的教学范式，割裂了理论与实践、知识与行动之间的内在联系。核心素养的生成与发展，需要我们树立理论与实践共生的理念，采用"知行合一""学用合一""实践中学"的教学范式。[②]

鉴于核心素养对知识的实践性要求，教师需要将知识与实践整合起来，让学生在实践参与中学习。然而，在现实英语教学中，真实情境操练的缺失使得学生难以对知识进行内化和转化，更谈不上在实际生活中进行语言输出了。这

① 姚梅林. 从认知到情境：学习范式的变革［J］. 教育研究，2003，24（2）：60-64.
② 方涵. 核心素养导向的高中英语课堂教学重构［M］. 北京：高等教育出版社，2022.

导致学生知识的应用能力较差。这也是所谓的"哑巴英语"产生的缘由。

4. 知识与学生身心分离

建构主义学习理论认为，学习是积极主动建构知识的过程，知识不是通过教师传授得到的，而是学习者在一定情境下，借助他人（教师和学习伙伴）的帮助，利用必要的学习资料，通过意义建构的方式获得的。同时，唯有与个人信念、经验深度融合，知识才有可能具备迁移、行动的力量，成为核心素养生成的基础。[①]任何知识都是个体参与的知识，学生践行"身心投入的主动体验式学习""师生互动的身心融合的生成式学习"等方式有助于核心素养的生成与发展。因此，教师要引导学生积极与文本、作者、同伴及自身进行对话，从理解他见到逐步修正、拓展自己对知识的理解，最后生成己见，实现知识与学生身心的融合发展。

然而，在实际教学中，部分教师仍然过度注重知识的灌输讲解，忽视以情境问题为导向的互动式、参与式、体验式等教学方式，导致学生难以将知识与自身的认知特点、个人信念、经验深度融合。学生机械地、被动地学习，不仅体会不到学习的快乐，学习的兴趣也无法得到激发，更无法理解英语学习的真正价值与意义。

综上所述，这些问题说明当下高中英语教学设计的工具性与人文性相互分离，最终导致学生片面发展、英语学习兴趣不浓厚、英语表达能力较差、跨文化交流意识不强等一系列问题。

（二）学生的学习和教师的教学缺乏可视化

如果教和学是可见的，那么学生就有很大可能获得高水平成就。[②]然而，课题组在调查中发现，大部分教师常常凭借自己的习惯、经验和常识进行教学

---

① 张良. 核心素养的生成：以知识观重建为路径［J］. 教育研究，2019，40（9）：65–70.

② 哈蒂. 可见的学习：最大程度地促进学习：教师版［M］. 金莺莲，洪超，裴新宇，译. 北京：教育科学出版社，2015.

设计。无论是教师的教，还是学生的学，都变得不可见、不自觉。对于教师而言，由于没有把学生的学习过程和教师的教学过程可视化，教师就无法准确评估学生的学习进度以及学生对知识、主题意义的掌握程度。教师不能及时发现教学过程中出现的问题，也就不能及时调整教学，最终对教学质量产生消极影响。对于学生而言，在自身的学和教师的教没有可视化的情况下，学生不能清晰地了解自己的学习进度和程度，当在实际运用和检测中出现心理预期和真实效果的反差时，学生的自信心和学习兴趣都会受挫。因此，教与学的不可见也严重影响了高中英语教学的效果。

二、高中英语教学设计的反思

从以上分析可见，高中英语教学设计亟须进行系统性、科学性的变革。深入研读《课标》应是每位高中英语教师的必修课。同时，要解决目前高中英语教学出现的问题，教师务必重视并实践单元整体教学设计。单元整体教学设计既能顺应新课标、新教材、新课堂改革的要求，也能帮助教师将传统的教学方式转变为适应现代教学要求的教学方式。更为重要的是，单元整体教学所承载的主题意义和育人价值是实现立德树人的重要保证。因此，用单元整体教学解决目前高中英语教学中所存在的问题极具实践性。

同时，为了使单元整体教学变得清晰、可见且自觉，我们需要将"不可见的教学"转变为"看得见的教学"，逆向设计则是一种值得借鉴和尝试的教学设计方法。简单地说，所谓逆向设计就是评价先于教学的设计方法，"按照教学目标确定预期结果—按照预期结果选择评估证据—按照评估证据规划教学活动"则是逆向设计的基本操作模式。实践证明，利用逆向设计理论指导单元整体教学设计能有效规避单元整体教学中出现的"分离"现象，真正实现从分离走向融合，让教师的教和学生的学变得可视，让单元整体教学也变得清晰、可见且自觉。利用逆向设计理论指导单元整体教学设计是一条有效的课堂教学改革途径。

　　课题组经过3年的实践和打磨，归纳并总结出一套行之有效的方法和策略，对如何利用逆向设计理论指导高中英语单元整体教学设计进行了阐释和指导。同时，课题组通过一系列的课堂案例，从单元整体教学预期结果（目标）的设定、评估证据的确定、教学活动的规划设计以及作业的设置等方面，清晰地解读了具体的实施和操作步骤，期望能够以此帮助一线高中英语教师解决教学中的困惑。

第一章

高中英语单元整体教学的
认识及设计理论

第一节　高中英语单元整体教学的基本认识

单元是英语教学的基本单位，作为主题意义的基石，它承载着核心教育价值。教师通过单元内的语篇教学，可以引导学生把握语言特点，获取文化知识，加深对单元主题意义的理解，实现对其世界观、人生观和价值观的培养，达到育人的目的。然而，在高中英语教学中，一些教师不重视单元的意义以及单元所承载的价值，依旧机械地对单元教学内容进行划分，未能从学生整体发展的角度对教学内容进行整合，导致课时划分割裂、教学碎片化与表层化，各个学习活动之间缺乏有效的过渡与衔接。这必然会阻碍学生语言能力、文化意识、思维品质和学习能力的整体发展，不利于学生建构英语学科知识体系。因此，教师亟须转变以往割裂、单一的单元课时设计理念，对单元教学目标、内容、活动和作业等进行整体把握和结构化处理，秉持大单元设计理念，实现教学设计和英语学科核心素养的有效对接。

一、高中英语单元整体教学的缘起

（一）理论基础

首先，单元整体教学是建立在整体教学的理论基础之上的，整体教学强调将教学内容作为一个整体来感知，其心理学基础为格式塔（Gestalt）心理学理论中的"整体观念"。①格式塔心理学理论认为，学习的基础是知觉。当知觉者关注某一个物体时，他的任务就是将感知到的成分进行组合并形成一个连贯的整体。②

其次，建构主义理论也是单元整体教学的理论基础。建构主义理论认为，人的认知与经验共同发展，知识是经验的重组与重新构建，是一种连续不断的心理建构过程，是体验、发现和创造的过程。

单元整体教学强调整个模块和整个单元的联系，容易激活学生已有知识，从而促进学生自身知识的"重组"与"构建"，并促进新知识和既有知识间的互动、连接、交融与整合。在单元整体教学中，教师通过认真分析单元教学内容，梳理并概括与主题相关的语言知识、文化知识、语言技能和学习策略，并根据学生的实际水平和学习需求，围绕主题语境整体设计学习活动，在学习活动中拓展主题意义。③

（二）教学理念的演进

随着人们对英语学科核心素养研究的不断深入，英语教学已不再仅仅是单纯的语言知识传授，而是更加注重培养学生的语言能力和思维品质。《课标》也要求教师创造性地使用教材，积极开发运用教材中的资源，这要求教师打破传统教学方式，探索新的教学模式，而单元整体教学正是其中一种重要的尝试。

《课标》针对教材编写也提出了以主题为引领、以活动为重点，整体设计教材学习单元的建议。指向学科核心素养发展的英语学习活动观，将活动作为

① 黄国庆.初中英语"模块主题式"单元整体教学实例研究［J］.基础英语教育，2016，18（2）：72–77，110.

② 刘华丹.单元整体教学在英语基础模块课程的实施研究［J］.文理导航（下旬），2013（5）：2–3.

③ 教育部.普通高中英语课程标准（2017年版2020年修订）［M］.北京：人民教育出版社，2020.

课堂教学的基本组织形式和培养学生英语学科核心素养的有效路径。[①]英语教材设计的思路从学科知识本位转向了素养导向的语言实践活动,教师通过实施情境化教学,引导学生开展自主学习、合作学习和探究式学习。由此可见,单元整体教学有助于促进学生学科核心素养的融合发展。

(三)教学研究的推动

从对已有研究的分析可知,关于单元整体教学设计研究的文献数量自2008年起逐年增加,特别是2019年以来,相关研究数量迅速增加。截至2024年,关于单元整体教学设计的文献数量已超过4000篇。这一现象表明,单元整体教学作为一种教学模式,正逐渐受到教育界的广泛关注和认可,使得越来越多的研究者意识到单元整体教学的重要性和必要性。

(四)教学模式的探索

单元整体教学具有整体性、系统性、发展性以及评价的全面性等特点,强调学习过程,重视语言学习的实践性和应用性。它以整个单元为单位,以任务为驱动,强调知识的融合以及对学生应用能力的培养。

单元整体教学模式基于模块整合,从整体上对单元课题进行重新认识与深度加工,实现单元系统要素共管和资源共享,形成协同的有机教学整体。这不仅是对传统意义上"课时主义"教学模式的突破,也有利于发挥教材单元优势,解决教学内容碎片化问题,有效实现单元价值,培养学生学科核心素养。[②]

综上所述,高中英语单元整体教学的缘起是多方面的,涵盖理论基础、教学理念的演进、教学研究的推动以及教学模式的探索,等等。这种教学模式的探索和实践对于提高高中英语教学质量和促进学生全面发展具有重要意义。

---

① 教育部.普通高中英语课程标准(2017年版2020年修订)[M].北京:人民教育出版社,2020.

② 杨万松.基于模块整合的单元整体教学:以"坚持宪法至上"为例[J].中学政治教学参考,2021(2):32-34.

二、高中英语单元整体教学的内涵

（一）概念界定

1. 单元

《课标》指出，单元是英语课程内容的有机组成部分，也是承载主题意义的基本单位。单元是素养目标达成的单位，是围绕大概念组织的学习内容、学习材料和学习资源的集合。[①]尽管专家学者对单元进行了不同的分类，如宏观单元、中观单元和微观单元，显性单元和隐性单元，知识单元和过程单元，学科单元和跨学科单元，等等，但大部分专家学者的研究指向仍是将教材中的自然单元作为具有独立性、整体性和阶段性特征的完整的教学基本单位。[②]本书中所指的"单元"即教材的自然单元。

2. 单元整体教学

对单元整体教学的认识主要包括教学形式说、教学方法说和教学模式说三种观点。

（1）教学形式说。江志勇认为，单元整体教学应该注重每个教学模块之间的关系，注重学年目标和学期目标之间的关系。[③]

（2）教学方法说。陈敏认为应当把教材的一个个单元系统作为考查的对象，在此基础上分析各篇课文之间的内在联系，这种方法强调语篇、内容、意义的完整性。[④]

（3）教学模式说。有学者将单元整体教学看作一种非常重要的教学模式，是一种以学定教的单元整体教学模式。[⑤]

---

① 刘徽.大概念教学：素养导向的单元整体设计［M］.北京：教育科学出版社，2022.

② 梁美珍，等.中学英语单元整体教学设计的路径与实施［M］.杭州：浙江大学出版社，2023.

③ 江志勇.单元整体教学中的有效整合探微［J］.小学教学参考，2010（19）：17-18.

④ 陈敏.谈谈单元整体教学的方法［J］.山东师范大学学报（社会科学版），1987（3）：96-97.

⑤ 孙丛丛.小学语文单元整体教学研究［D］.武汉：华中师范大学，2014.

课题组认为，单元整体教学是一种教学模式，该模式并非仅仅从形式、方法上对教学进行糅合，而是在系统上基于学生学情对教学进行整合。具体而言，单元整体教学是依据学科知识内部逻辑顺序、教材文本呈现顺序以及学生认知发展顺序，通过整合教学资源与统整教学内容，以单元主题统领教学，制定明确的单元目标，确定合适的评估证据，设计真实的学习体验、恰当的问题情境和可行的探究活动，从而构建的一种指向学生核心素养发展的新教学模式。

3. 单元整体教学设计

单元整体教学设计是指教师基于课程标准，围绕特定主题，以教材单元为整体所进行的一种系统化、科学化的教学设计。这需要教师深入解读、分析、整合和重组教材等教学资源，然后结合学习主体的需求，搭建起一个由单元大主题统领、各语篇子主题相互关联且逻辑清晰的完整教学单元。如此一来，教学能够围绕一个完整的单元主题设定目标，引导学生通过对不同单一语篇小观念的学习、提炼并建立关联，生成基于该单元主题的大观念，即在教材单元和课程标准分析的基础上，依据学生学情，确立单元教学目标，开展单元教学活动，设计并实施单元活动，最终形成单元评价。①

（二）单元整体教学设计的特点

在培养学生英语学科核心素养的背景下，高中阶段的单元整体教学设计具有如下特点：

首先，单元整体教学的设计始终围绕培养学生的英语学科核心素养这一目标，这既是教学的起点又是教学的终点。以核心素养为导向的单元整体教学能够系统地整合单元内的所有教学内容，确保教学活动的连贯性和一致性；同时促使教师深入了解学生的兴趣和学习水平，能够从学生的需求出发，制定符合主题意义的教学目标。

---

① 王乐勤. 上海小学牛津英语"主题单元整体教学"的探究与实践［D］. 上海：上海师范大学，2013.

其次，以核心素养为导向的单元整体教学要求教师设计出多元化的教学评价。这种评价不仅关注学生的知识掌握情况，更重视学生在语言运用、思维发展、文化理解等方面的进步。通过过程性评价和终结性评价的结合，教师能够及时了解学生的学习状况，调整教学策略，确保教学目标的实现和学生素养的全面发展。[①]

再次，在单元整体教学模式下，教师为学生创设一定的单元学习情境，使学生对本单元要学习的内容进行体验、分析、感知、综合等一系列思维活动。同时，教师要确保所设计的单元整体教学活动之间具有较强的逻辑性，使学生在完成较低层次的学习任务和学习活动的基础上，进一步完成更高层次的学习任务和学习活动。

最后，在进行单元主题作业设计时，教师注重实践性原则。学生通过运用本单元所学习的目标语言进行语言实践和语言表达，不但可以加深对语言知识的理解，而且可以强化合作意识与探究能力。[②]

三、高中英语单元整体教学设计的意义与价值

（一）高中英语单元整体教学设计的意义

高中英语单元整体教学设计以主题意义为引领，以大观念为核心，以英语学习活动观为指导，着眼于主题语境、语篇类型、语言知识、文化知识、语言技能和学习策略六个课程要素，依据学情分析统筹规划课时及学习内容，设计形式灵活且循序渐进的学习与评价活动，产生单元教学的整体聚合效应。[③]因此，高中英语单元整体教学设计对于把握英语学科本质，提升学生的思维品

① 郝燕.高中英语单元整体教学设计探究［J］.汉江师范学院学报，2023，43（S1）：199-201.
② 崔淑岩.高中英语单元整体教学的设计与实施［J］.英语画刊（高级版），2021（10）：106-107.
③ 陶丽艳.聚焦主题意义的"五维五步"高中英语单元整体教学设计［J］.中小学课堂教学研究，2023（6）：33-38.

质、培养学生的自主学习能力以及促进教师专业发展等具有重要意义。

1. 有利于教师理解和把握英语学科本质

普通高中英语课程强调对学生的语言能力、文化意识、思维品质和学习能力的综合培养，具有工具性和人文性融合统一的特点。在单元整体教学设计中，教师通过研读课标、整合资源、解读文本、分析学情、提炼语篇主题意义，厘清单元之间、语篇之间的关联，从而建构有价值的主题大观念与语言大观念。教师既要关注学生语言能力的发展，又要关注工具性的听说读写，还要关注人文素养，实现英语学科育人的应有价值。[①]

2. 有利于厘清单元主题意义，提升学生思维品质

单元整体教学的设计与实施有利于解决传统高中英语教学设计中缺乏以核心素养为导向的课堂教学的价值理念的问题。它能厘清单元主题意义，有助于明确单元主题教学目标，帮助学生把碎片化的知识构建成系统的、有逻辑性的知识，形成知识结构网。在课堂教学过程中，它有利于学生知识层次性、系统化地形成，进而提升学生的思维品质。

3. 有利于促进学生全面发展，培养学生自主学习能力

单元整体教学设计要求教师关注学生的全面发展。教师不仅要关注学生的语言知识和技能，还要关注学生的学习能力、文化素养等的培养。教师通过引导学生进行自主学习，培养学生的自主学习能力和合作精神，从而为学生的终身学习奠定基础。

4. 有利于提升教师教学设计能力，促进教师专业发展

教师需要基于对学生与教学内容的深入了解，以创造性的思维进行高中英语整体教学设计。教师要围绕单元主题进行有机重构和整合，让各板块的教学内容相互融合、相互支撑，从而实现单元教学内容的有机结合。同时，教师需

---

① 丁俐华. 基于大观念的高中英语单元整体教学设计［J］. 赤峰学院学报（自然科学版），2023，39（6）：75–77.

要精准定位教学重点，创造出兼具综合性、关联性和实践性的学习活动。这将有助于教师直面教学改革，走出舒适圈，不断挑战自我、提升自我。无论是知识结构的更新、教学技能的提升，还是创新意识的增强等，都对教师的专业发展起到了积极的推动作用。

（二）高中英语单元整体教学设计的价值

1. 精准制定教学目标，实现高效的课堂教学

单元整体教学目标制定，即主题意义下教学目标的精准设计，具备综合性、发展性等特点。这些特点能够有效克服传统高中英语教学设计中出现的教学目标空泛所导致的教学评价缺失、教学内容单一、教学活动盲目且低效等一系列缺点，从而实现高效的课堂教学。

2. 整合单元整体教学内容，促进各要素之间的深度关联

单元整体教学设计有助于教师树立单元整体意识，从更高的角度将凌乱的知识结构化，从而形成系统且完整的单元知识体系，克服孤立、松散的教学模式的弊端。语言学习应围绕主题意义展开，并建立相关材料之间的有机关联。因此，教师要深挖材料背后的育人价值，深度剖析各材料之间的隐性关联，最终在主题和内容之间形成一定关联，完成单元内容的整体建构。同时，结合学生的认知及知识建构的特点，教师可以通过文本的补充与重构，帮助学生拓展语言学习的深度与广度，将碎片化的知识点联系起来，促进新旧知识的有效衔接。

3. 将评价一致贯穿教学始终，提升高中英语教学质量

教学评价是英语教学的重要组成部分。基于英语学科核心素养的教学评价应以形成性评价为主，并辅以终结性评价，将定量评价与定性评价相结合，注重评价主体的多元化、评价形式的多样化、评价内容的全面性以及评价目标的多维化。科学、有效的评价既可以激发学生英语学习的兴趣，推动学生朝着目标不断前进，又有助于检验学习目标的落实情况，便于及时调整课程安排，真正做到"以生为本"。单元整体教学设计使教师从平衡广度与深度、融通形式

与意义出发，重视围绕单元主题，推进意义探究，以学生的理解为基础，促进学生对知识的吸收内化，并融入表现性评价，将教学评价贯穿教学全过程，由此提升高中英语教学的质量。

　　单元整体教学设计在高中英语教学中的影响是重大而深远的。它从学科大观念的视角出发，充分挖掘单元的育人价值，尤其重视语篇研读和主题情境的创设，强调与学生已有的知识建立关联，围绕具有挑战性的学习任务设计活动，引导学生开展意义探究，形成稳定持久、深刻内化且随时可迁移的观念意识和学科素养。在单元整体教学的指导下，学生能感悟语言所蕴含的文化价值，在主题、语篇、知识（语言与文化知识）、技能、策略等维度，实现多角度和多层次的输入，真正实现以自身为主体的整合性学习，达到培养核心素养的目的。[①]

---

① 陈红芳.高中英语单元整体教学设计原则探讨［J］.中小学班主任，2022（8）：47-49.

第二节　高中英语单元整体教学设计的理论基础

　　基于单元整体教学和逆向设计的内在一致性与连贯性，逆向设计在单元整体教学中的应用研究已涉及多个领域，对高中英语的教学实践有着极大的指导意义。有些研究虽然仅以逆向设计或单元教学为关键词，但其内涵已经涉及两者所共有的许多特点。

一、单元整体教学理论

　　单元整体教学源于国外的整体教学法（Holistic Teaching Method），起初被用于科学、艺术及阅读教学，后被用于第二语言教学。整体教学法是一种追求整体性的教学理念，它最早可以追溯到20世纪80年代，由美国语言学家古德曼（Goodman）提出，强调重视英语教学整体性的特点。

　　20世纪90年代后期，国外出现了主题式整体教学（Integrated Thematic Teaching）和初级的主题单元教学（Thematic Units for Primary Grades）两种研究取向。主题式整体教学，如加拿大圣十字高中开展的整体教学，其特色在于对学生的评价策略，具体体现为整体设计对学生各种学习活动与成果的评价，及时评价学生的学习活动和成果。初级的主题单元教学的特点则是以高度的情境化和活动化为中心，开展主题学习。

单元整体教学在高中英语新课标中占有重要地位。伴随着课程改革的持续推进，在当前的教学实践过程中，依然存续着多种课程实施形态。崔允漷站在历史发展的角度，审视课程实施的实际发展，将其分为三种类型：基于教师经验的课程实施、基于教科书的课程实施以及基于课程标准的教学。[①]这说明以课程标准为主要参考的课程实施是我国当前所主要推崇的模式。

依据课程标准的单元整体教学在我国的出现与发展是围绕课堂转型而展开的。在国内，语文学科最早开始进行单元整体教学设计的探讨，此后不同学科也都开始了单元整体教学策略的研究。在英语学科中，《课标》实施建议提出，教师要关注主题意义，制定指向核心素养发展的单元整体教学目标。单元教学要以主题意义为统领，以语篇为依托，整合语言知识、文化知识、语言技能和学习策略等内容，引导学生采取自主、合作的学习方式，参与主题意义的探究活动，促进学生思维发展，塑造学生良好品格，优化学生学习策略，确保学生语言能力、文化意识、思维品质和学习能力同步提升。[②]单元整体设计是教学的前提条件。20世纪90年代以后，教学设计研究转向"整体化"与"有序性"的结合，研究者在研究教学设计基本程序的同时，越来越注重设计过程中的整体化，更加注重综合，关注复杂学习和创造性解决问题。

马兰在评估国际上20年来教学设计模式以及杭州本土教学设计具体操作的基础上，提出了单元整体教学所需要回答的三个问题"我们要到哪里去（确立教学目标），我们是否到了那里（评估学习结果）、我们怎样到那里去（落实教学过程）"，形成并归纳出了五个具有明显操作性意义的设计步骤（钻研课程标准，分析教材；整合单元内容，编制目标；分析学习起点，洞察学情；预设评

---

① 崔允漷.课程实施的新取向：基于课程标准的教学［J］.教育研究，2009（1）：74-79，110.

② 中华人民共和国教育部.普通高中英语课程标准（2017年版2020年修订）［M］.北京：人民教育出版社，2020.

估要求，拟订量规；选择教学策略，形成方案）。[1]

王乐勤[2]探索了国内外单元主题整合教学，实验比较在不同阶段不同单元针对学生分别采用的传统任务型教学及主题单元整体教学两种方法，来验证"主题单元整体教学"的有效性和可行性。他最终发现，使用主题单元整体教学在读写上的有效性和可行性高于传统任务型教学。实验数据证明，主题单元整体教学相对传统任务型教学的优势主要体现在读写方面，通过比对，学生差异明显。

钟启泉提出了单元设计的"ADDIE"模式：①分析（Analysis）；②设计（Design）；③开发（Development）；④实施（Implementation）；⑤评价（Evaluation）。[3]

吕世虎等在此基础上提出了单元教学设计的六阶段：①确定单元内容；②分析教学要素；③编制教学目标；④设计教学流程；⑤实施教学；⑥评价反思及改进。[4]

李刚和吕立杰围绕大观念提出了单元开发的七步框架：①选择单元主题（Topic）；②筛选大观念群（Big Ideas）；③确定关键概念（Key Concepts）；④识别主要问题（Questions）；⑤编写单元目标（Objectives）；⑥开发学习活动（Activity）；⑦设计评价工具（Assessment）。[5]

由此可见，单元整体教学的理论正在不断应用于课堂教学，并且具有其可行性。

---

① 马兰.整体化有序设计单元教学探讨［J］.课程·教材·教法，2012，32（2）：23-31.

② 王乐勤.上海小学牛津英语"主题单元整体教学"的探究与实践［D］.上海：上海师范大学，2013.

③ 钟启泉.学会单元设计［J］.新教育，2017（14）：1.

④ 吕世虎，吴振英，杨婷，等.单元教学设计及其对促进数学教师专业发展的作用［J］.数学教育学报，2016，25（5）：16-21.

⑤ 李刚，吕立杰.大概念课程设计：指向学科核心素养落实的课程架构［J］.教育发展研究，2018，38（Z2）：35-42.

二、逆向设计理论

美国哥伦比亚大学教授格兰特·威金斯（Grant Wiggins）和杰伊·麦克泰格（Jay McTighe）于1998年在专著《追求理解的教学设计》（*Understanding by Design*，简称UbD）中提出了包含三个阶段的新型单元课程设计工具——"逆向设计"（Backward Design）。该设计建构了单元课程的设计框架，即先确定预期结果（教学目标），再据此结果确定合适的评估证据（教学评价），最后设计学习体验和教学（教学活动）（图1-2-1）。这种设计方式不同于具体设计先于教学目标的常规思路，它将目标设计放在首位。此外，它也区别于将评价放在教学之后的习惯性行为，它在确定教学目标之后随即进行评价设计，这就使得教、学、评更一体化。

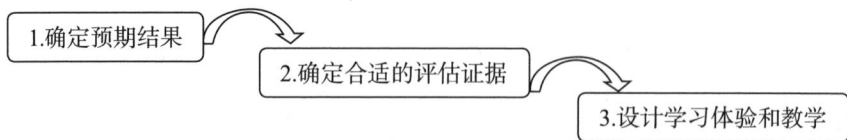

```
1.确定预期结果  →  2.确定合适的评估证据  →  3.设计学习体验和教学
```

图1-2-1　逆向设计三阶段

尹后庆认为，逆向设计提出的关注学生理解的单元模板能够协助教师设计课程与评估。逆向设计围绕大观念、基本问题和核心任务提出了将教学单元放在一个更大、更连贯、更结构化的课程和项目框架中进行设计的思路和方法。其提供的许多案例以及创造的许多工具和支架对于我们的教学研究从经验型转向实证型，教学从知识为本转向核心素养为本，都具有既有理论高度又具实操性的借鉴意义。

我国学者何晔、盛群力总结了逆向设计的特点（强调倒推式的单元课程设计过程，设计过程是循环往复的系统过程，注重区别教学内容的优先设计，突出引导性问题的重要性），并对逆向设计的第一阶段进行了详细阐释。[①]

---

① 何晔，盛群力.为促进理解而教：掌握逆向设计［J］.高校教育管理，2007（2）：21-26.

此后，国内逆向设计的研究逐渐发展起来，并且结合课程开发出了逆向教学设计模板（以数学学科为例），见表1-2-1。

表1-2-1　逆向教学设计模板（以数学学科为例）

学生学习步骤（使用行为动词）	教师备忘录
一、导入活动 （介绍预期结果，提出基本问题，联系学生经验） 1. 讨论什么是数学以及为什么它很重要，并在白板上列出观点； 2. 学生画出一些有助于数学学习的对象，教师呈现一些对象并询问学生这些对象是否在数学中被用到； 3. 学生在课堂上寻找不同的图形，然后画不同形状的事物，并描绘积木的形状； 4. 教师介绍相关标记并将其作为一种记录数字的方法，学生分别数出教室里的男生人数、女生人数和桌子数等； 5. 教师在黑板上画出一条数轴，用不同的颜色标出5的倍数，全班学生大声喊出5，10，15，20等。 二、以学生为中心的学习步骤 （详细的课时流程，练习中具体的形成性评价，结束时的总结性评价） 1. 针对什么是数学和数学的用途，学生提出不同的观点，在日常生活中理解数学的意义和用途； 2. 学生画出一系列在数学中可能用到的对象； 3. 利用积木和尺子，学生画出或描绘出不同的图形； 4. 学生掷骰子，在数学日志第3页中用计数符记录每个数字被掷出的次数； 5. 学生尽其所知，大声喊出5的倍数，然后在数学日志中把所有5的倍数的方框涂黄，从而得出一个图形。 三、总结 （检查深层理解与基本问题的达成情况）	记住我需要做哪些事： 1. 在教室里展示数学中用到的对象； 2. 准备好积木，找到图形描绘工具； 3. 早晨在黑板上记好男生的人数和女生的人数； 4. 拿出骰子。
阶段1：预期结果（学生将学到什么） 1. 深层理解与基本问题 （1）什么是数学？ （2）我们什么时候用到数学？ （3）什么是数轴？ （4）数字之间，怎样变大，怎样变小？ （5）什么工具可以帮助我们学习数学？	

续 表

2. 学习目标

（1）理解数学在日常生活中的重要性。

（2）明白数学是什么，知道如何借助工具学习数学（如数轴、尺子等）。

（3）学习不同的图形或图案，熟悉几何概念。

（4）掌握数字和结果计算的知识。

（5）复习数字，使用数轴来熟悉5的倍数。

3. 相关标准

阶段2：评价证据（对学习的形成性和总结性检查）

（1）表现性任务（为证明他们的学习，学生将要做什么？）

① 讨论数学的意义和作用。

② 介绍数学中用到的工具（如数轴、尺子、图形、计算器、时钟、数字等）。

③ 画大小不同的图形，描绘积木。

④ 掷骰子，把相符合的数字记录在数学日志第3页上，练习记录给定数位的符号。

⑤ 大声数数，学习5的倍数，把5的倍数记录在数学日志最后一页的数轴上。

（2）表现准则（多好算是足够好？提供清单、量规或准则）

① 课堂参与：要求学生参与课堂讨论。

② 学生必须努力学习新的数学词汇和所列举的数学对象，在本周结束时，这将作为小册子《什么是数学》中的一个评分项目。

③ 学生所讨论图形情况，将反映学生学习效果，并将归入小册子《什么是数学》中。

④ 学生必须掷骰子并在数学日志中正确记录相应的数字，教师进行检查。

⑤ 学生在数轴上标出5的倍数，直到25为止，以此证明他们对5的倍数的掌握程度，这将被记录在数学日志中。

阶段3：积极的学习计划（足够详细，以便其他教师可以参照模仿）

在此基础上，赵钰莲通过两轮教学设计的实践和反思将逆向设计本土化，并应用到高中英语教学设计中。她重点关注教师在目标设计、评价设计、活动设计这三个核心维度的能力提升，并且提炼出逆向设计指导下的高中英语教学设计模板，见表1-2-2。①

① 赵钰莲. "逆向设计"提升高中英语教师单元整体教学设计能力的行动研究［J］. 基础外语教育，2020，22（5）：11-24，107.

表1-2-2 高中英语逆向教学设计模板

Topic（单元学习话题）：	Big Idea（单元学习主题）：
Guiding Ideology and Theoretical Basis（指导思想与理论依据）	
Teaching Background Analysis（教学背景分析）	
Content Analysis（教学内容分析）： Student Analysis（学生情况分析）：	
Stage1: Learning Goals（阶段1：学习目标）	
Transfer（迁移）	
Students will be able to independently use their learning to... T1... T2... ...	
Meaning（意义）	

Enduring Understanding （持久理解）	Essential Questions （基本问题）
Students will understand that... U1... U2...	Students will keep considering ... 1... 2... ...
Acquisition of Knowledge and Skills（知识与技能）	
Students will know... K1... K2...	Students will be skilled at... S1... S2... ...

续　表

Stage 2: Assessment Evidence（阶段2：评估证据）		
Learning Goals（学习目标）	Evaluative Criteria（评估标准）	Assessment Evidence（评估证据）
T/U/A1... T/U/A1... ...		Performance Tasks（表现任务） Students will show that they... by evidence of...
		Other Evidence（其他证据）
Stage 3：Learning Plan（学习计划）		
Pre-assessment（单元前测）知识、技能、理解、态度等方面的调查与模拟等		

Learning Goals（学习目标）	Period Arrangement（课时规划）	Learning Events（学习活动）	Progress Monitoring（进度监控）
T/U/A的顺序不固定，根据每个单元的实际情况，有的课时涉及一种，有的课时则涉及两种或三种	教材整合、删减、添加，有的可能2～3个阶段放在一起完成某一个、两个或三个目标任务	每一个课时中，学生有哪些主要学习活动? 活动如何开展?	在学生达成目标的过程中，教师的正式评价或非正式反馈会造成哪些误解从而阻碍学生达成目标?

　　上述两个模板被沿用下来，然而在新教材背景下，成体系的研究尚未形成规模，研究者需要继续通过丰富的实践研究对其进行论证和改进。

　　逆向教学设计是基于课程标准开展单元教学设计的目标模式之一。逆向设计理论强调三个设计过程：①明确预期的学习结果；②确定能证明学生达到预期学习结果的证据；③安排相关的教学活动来实现预期的学习结果。[①]这种逆向的方向强调的是对教学内容导向设计思维的逆向，要转换的是教师所习惯

---

① 何晔，盛群力.为促进理解而教：掌握逆向设计［J］.高校教育管理，2007（2）：21-26.

的从输入端思考教学，即从固定的教材、擅长的教法以及常见的活动开始思考教学，而不是从输出端开始思考教学，即从预期结果开始思考教学的教学设计模式。①事实上，从逻辑上讲，逆向教学的设计方式并不是逆向的，而是正向的，因为"设计"在《现代汉语词典》（第7版）中的本义是"在正式做某项工作之前，根据一定的目的要求，预先制定方法、图样等"。可见，逆向教学设计的"逆向"在逻辑上并非完全与通常意义上的逆向一致，而是相对传统的、常规的教学设计方式是逆向的。逆向教学设计先明确预期结果，再确定预期结果达到的证据，把评价设计提到教学活动设计的前面，使评价嵌入教学过程，成为诊断和驱动教学的工具。②通过与单元整体设计教学的要求相互对比，不难发现，它们二者之间有着微妙的内在联系。

单元教学目标的确定涉及目标来源、目标层级关系和目标的整合性三个维度。目标层级从"核心素养"到"学科核心素养"，再到"课程标准""单元目标""课时目标"和"活动目标"。在逆向设计过程中，教学目标分为迁移目标、理解目标和习得目标三个层次，有助于教师层次清晰地设计教学目标。为实现评估证据与教学目标精准对应，教师需要设计评价标准和具体的表现性评价任务，使教学活动的设计聚焦教学目标，让教学评价贯穿整个教学活动。逆向设计为单元整体教学设计提供了切实可行的路径，强调教学目标、教学评价和教学活动的紧密联系。通过这种设计，教学过程始于教学目标，并且紧密围绕教学目标展开，从而促进了基于主题意义的高中英语单元教学的高效实施。

教师在教学设计中往往将单元内容拆分成独立的课时，缺乏整体性，导致知识与知识、知识与情境、知识与行为、知识与学生身心之间的分离。同时，

---

① GRANT WIGGINS, JAY MCTIGHE. Understanding by Design［M］.Pearson: Association for Supervision and Curriculum Development, 2005.
② 叶海龙.逆向教学设计简论［J］.当代教育科学，2011（4）：23–26.

在教学过程中，教学、学习、评估三者之间缺乏有效连接。逆向设计的出现恰好针对性地弥补了这些劣势与缺陷，使单元整体教学变得清晰、可见。与此同时，国内逆向设计的相关研究也正处于起步阶段，需要大量的实践论证。本研究从多个维度出发，对逆向设计理论进行了优化，还使单元整体教学理论模型更加完善，为逆向设计理论应用于单元整体教学的综合实践提供了有力支持。

三、理解性教学理论

理解性教学这一概念于20世纪90年代初期，由美国哈佛大学教育研究院开展的Learning and Teaching For Understanding（LTFU）项目提出。研究者在与实践教师进行平等对话、合作与互动的过程中反复提炼、修正各种理论认识和指导框架，着重对四个关键问题，即"什么是理解""为理解而教的意义""如何进行理解性学习"和"如何进行理解性教学"进行了阐述。[①]首次提炼出的基于理解的教学设计模式主要包括四个部分：生成性主题、理解性目标、理解性实作、追踪式评价。威金斯认为，面向理解的教学应贯穿整个教学过程。在威金斯等人提出的理解性教学WHERETO模式中[②]，W是确保学生知道单元的方向（Where）及为什么（What）；H是指在一开始就引起（Hook）学生的兴趣，并在整个学习过程中保持（Hold）其注意力；E是使学生掌握所需的经验、知识、技能以做好准备（Equip），以达成实作表现的目标；R是为学生提供许多机会让学生重新思考（Rethink）大观念，反省（Reflect）并修正（Revise）他们的学习；E是安排机会让学生评价（Evaluate）自己的进步及进行自我量评；T是因材施教（Tailored）以反映学生不同的才能、兴趣、学习风格、学习需求；O是指

---

① D. N. PERKINS. Teaching for Understanding［J］. American Educator, 1993, 17（3）：28–35.
② GRANT WIGGINS, JAY MCTIGHE. Understanding by Design［M］. Pearson: Association for Supervision and Curriculum Development, 2005.

教学活动有组织（Organised），以使课程内容的深度理解达到最大程度。狄尔泰（Dilthey）等人认为，理解并非单一的维度，而是包括解释、释疑、应用、洞察、移情和自我认识这六个由浅到深的维度。对比和分析布卢姆（Bloom）教育目标新分类、威金斯与麦克泰格的理解层次划分以及狄尔泰等的六个维度，理解层级及特点对比分析见表1-2-3。

表1-2-3 理解层级及特点对比分析

布卢姆	威金斯与麦克泰格	狄尔泰等	核心问题
知识	记忆	解释	能够对事物进行合理、恰当的论证说明
领会	理解	释疑	能够提供有意义的阐释、叙述和翻译
运用	应用	应用	能将所学知识有效地应用于新环境
分析	分析	洞察	深刻洞察并具有批判性的观点
综合	评价	移情	能深刻体会他人的感情和观点
评价	创作	自我认识	有认识到自己无知的智慧，能够理智地认识自己思维与行为模式的优势及局限性

　　LTFU项目和理解性教学模式与布卢姆的教育目标修订版相辅相成。LTFU项目着重强调理解性学习的重要性，并提出了生成性主题、理解性目标等教学设计要素。威金斯等人提出的WHERETO模式进一步细化了教学过程，从引起学生兴趣到准备、反思、评价以及个性化教学等各方面进行了深入阐释。这些理论和模式与狄尔泰等提出的六维度相互呼应，共同构成了一个全面的理解性学习框架。狄尔泰等人的理解观点在一定程度上与布卢姆有相似之处，尤其是在解释、应用、分析等方面。这充分表明，不同的教育理论家致力于探索促进学习者深入理解和提升学习者批判性思维的有效途径，为优化教学提供了新的思路和方法。

四、大观念教学理论

大观念的教育理论最早可追溯至20世纪初的教育哲学家约翰·杜威（John Dewey），他提出教育应该超越简单的事实传授，更应关注培养学生的思考能力和对观念的理解。杜威认为，教育应该帮助学生理解学科中的"法则"和"一般关系"。[①]这些可以被视为早期对大观念的描述。到了20世纪中叶，杰罗姆·布鲁纳（Jerome Bruner）在其结构主义教育理论中强调了学科结构的重要性，他认为学习应该基于对学科基本结构的深入理解。[②]布鲁纳的这些观点为后来"大观念"教学的发展奠定了理论基础。在20世纪末至21世纪初，随着教育改革的深入推进，大观念开始被系统化地纳入课程设计和教学实践中。例如，加拿大阿尔伯塔省的高中科学课程愿景中提出了与科学关键观念相联系的大观念，展示了学习单元之间的联系，并为教师提供了解决学生问题的框架。进入21世纪，大观念教学得到了更为广泛的关注和研究。学者们开始探讨如何将大观念融入不同的学科教学，以及如何通过大观念教学促进学生的核心素养发展。例如，林恩·埃里克森（Lynn Erickson）和洛伊斯·兰宁（Lois Lanning）提出了"观念为本的课程与教学"（Concept-Based Curriculum and Instruction），强调大观念在课程设计中的核心地位。

在当下的研究中，学者们建构了不同的大观念教学阶段或步骤模型，具体如下。

1. 威金斯和麦克泰格的逆向设计三阶段[③]

（1）确定预期目标：明确教学活动结束后学生应获得的学习成果。

（2）确定合适的评估证据：设计评估方式，以证明学生已达成预期目标。

[①] 约翰·杜威.民主主义与教育［M］.王承绪，译.北京：人民教育出版社，2001.

[②] J. S. 布鲁纳.布鲁纳教育论著选［M］.2版.邵瑞珍，张渭城，等译.北京：人民教育出版社，2018.

[③] GRANT WIGGINS, JAY MCTIGHE. Understanding by Design［M］. Pearson: Association for Supervision and Curriculum Development, 2005.

（3）设计学习体验和教学：规划学生通过特定的学习活动和教学方法达成预期目标的路径。

2. 克里斯蒂娜·查默斯等的六要素框架①

（1）选择大观念：确定教学的核心观念。

（2）解析大观念：深入理解大观念的含义和应用。

（3）为综合单元确定主题：选择与大观念相关联的教学主题。

（4）选择思维工具：采用适当的工具促进学生思考。

（5）设计评估方法：制定评估学生学习成果的方法。

（6）设计学习活动：规划具体的教学活动，以促进学生学习。

3. 邵朝友和崔允漷的五项关键行动②

（1）选择核心素养等既有目标：确定教学要培养的核心素养。

（2）从既有目标中确定大观念：从核心素养中提炼出大观念。

（3）依托大观念形成一致性的目标体系：确保教学目标与大观念相一致。

（4）基于大观念的学习要求设计评价方案：设计评价学生对大观念掌握程度的方案。

（5）围绕主要问题创设与组织学习活动：以问题为中心组织教学活动。

4. 李刚和吕立杰的七步框架③

（1）选择单元主题：确定教学单元的中心主题。

（2）筛选大观念群：挑选与单元主题相关的大观念。

---

① C. CHALMERS, M. CARTER, T. COOPER, et al.Implementing "Big Ideas" to Advance the Teaching and Learning of Science, Technology, Engineering, and Mathematics（STEM）［J］. International Journal of Science and Mathematics Education, 2017, 15（1）: 25–43.

② 邵朝友，崔允漷. 指向核心素养的教学方案设计：大观念的视角［J］. 全球教育展望，2017，46（6）: 11–19.

③ 李刚，吕立杰. 大概念课程设计：指向学科核心素养落实的课程架构［J］. 教育发展研究，2018，38（Z2）: 35–42.

（3）确定关键观念：明确教学中的关键观念。

（4）识别主要问题：找出教学过程中需要解决的主要问题。

（5）编写单元目标：制定具体的教学目标。

（6）开发学习活动：设计有助于学生学习的活动。

（7）设计评价工具：创建用于评价学生学习成果的工具。

5. 崔允漷的六问题法①

（1）确定单元名称与课时：明确教学单元的名称和所需课时。

（2）分析单元目标：分析并确定教学单元的学习目标。

（3）设计真实评价任务：设计能够真实反映学生学习情况的评价任务。

（4）分课时设计学习过程：为每个课时规划具体的学习过程。

（5）作业与监测：布置作业并进行学习过程的监测。

（6）学后反思：课后进行反思，以改进教学。

6. 刘徽的三个关键步骤②

（1）目标设计：结合宏观和微观思维设计教学目标。

（2）评价设计：设计不同类型的评价方式，包括学习性评价、学习的评价和学习式评价。

（3）过程设计：通过基本问题推进"准备—建构—应用"的三阶段学习过程。

7. 李松林的整合性教学设计的中介者模式③

（1）确定大观念：识别并确定教学中的大观念。

（2）外显大观念：明确表达大观念。

（3）活化大观念：使大观念生动、易于理解。

---

① 崔允漷. 如何开展指向学科核心素养的大单元设计［J］. 北京教育（普教版），2019（2）：11–15.

② 刘徽. "大概念"视角下的单元整体教学构型：兼论素养导向的课堂变革［J］. 教育研究，2020，41（6）：64–77.

③ 李松林. 以大概念为核心的整合性教学［J］. 课程·教材·教法，2020，40（10）：56–61.

（4）构建大观念：帮助学生构建对大观念的理解。

（5）评估大观念：评估学生对大观念的掌握情况。

这些模型提供了系统的方法，帮助教师以大观念为核心，设计出能够促进学生深度理解并形成长期记忆的教学活动。借助这些阶段模型，教师能够更有效地组织教学内容，评估学生的学习情况。这些模型还能促进学生高阶思维技能的发展。

第二章

高中英语单元整体教学逆向设计的基本框架

第一节　高中英语单元整体教学
逆向设计原则

　　单元整体教学是落实课程改革核心理念、发展学生核心素养的重要途径之一。教师要强化素养立意，围绕单元主题，充分挖掘育人价值，遵循教材编写意图，系统规划单元学习内容，整体设计单元学习目标、评价、活动和作业，使学生在整体性的学习体验中有层次地内化核心知识与技能，促进学生深度理解，从而全面提升学生的英语学科综合素养。在遵循一般课程逻辑的同时，单元整体教学逆向设计还应遵循整体性原则、实践性原则、理解性原则和一致性原则等基本原则。

一、整体性原则

　　整体性是单元整体教学逆向设计的核心思想。单元是一个相对的教学整体，在进行教学设计时，教师应对单元内容进行全盘考虑，制定单元学习目标，确定单元评估证据，规划单元学习活动，设计单元作业，使学生在关联性极强的学习专题中层层深入单元核心知识，并不断完善补充自身已有知识。根据整体性原则，教师应首先确立清晰的教学目标，然后依据这些目标，系统性地规划每个学习活动，确保它们相互衔接，共同构建起一个连贯的学习过程，做到板块与板块之间、课时与课时之间、活动与活动之间有清晰的关联性和层次性，确保它们形成一个具有内在联系的整体，让学生能够循序渐进地进行整体性的学习体验，从而真正实现对知识和技能的理解和内化，为迁移和创造赋能，为素养发展赋能。单课时的教学设计要以整个单元为参照和背景，一个单元的教学设计要以整本教材或者与其具有明显关联性的单元为参照和背景，要进行系统考虑，瞻前顾后，精准定位，对学生英语学科素养的有序发展进行整体性设计。

二、实践性原则

教学设计主要解决的是"如何教"的问题，具有策略的意味，更带有规划、策划的意味，因此，它必须具有可操作性和实用性。普通高中英语课程倡导指向学科核心素养发展的英语学习活动观以及自主学习、合作学习、探究学习等学习方式。教师应设计具有综合性、关联性和实践性特点的英语学习活动，使学生通过学习理解、应用实践、迁移创新等一系列融语言、文化、思维为一体的活动，获取、阐释和评判语篇意义，表达个人观点、意图和情感态度，分析中外文化异同，发展多元思维和批判性思维，提高自身英语学习能力和运用能力。

教师在进行单元整体教学逆向设计时，必须创设真实的学习情境，设计基于问题解决的真实任务，用任务驱动学生积极主动地运用学习资源，进行协同思考，实现深度理解，进而实现概念性理解。从核心任务的设计和子任务的分解，到具体学习过程的设计，都要凸显以"学"为中心，增强学生的问题解决意识和目标意识，让学生在真实情境中习得知识与技能，发展能力与素养，并将英语知识应用于实际生活，提升综合运用语言的能力。

三、理解性原则

理解是学生学习过程中的核心环节。任何知识只有通过理解才能被赋予意义，纳入个体的经验，成为其中的一部分，已有的知识才能真正成为个人的知识，才是活的知识，学习者才能对其运用自如。理解性原则是单元整体教学逆向设计的又一重要指导思想。根据理解性理论的要求，教师需通过三个关键问题来深化学生的理解：理解是什么？为何要为理解而教？如何进行理解性学习和教学？因此，教师在进行单元整体教学逆向设计时，要遵循理解性原则，以促进学生理解与迁移。首先教师要明确学生需要达到何种程度的理解，关注的是与内容及应该学什么相关的重要概念。它要求教师明确学生应该学到什么，从而提供对应的概念、事实和技能。然后教师要明确哪些可以作为理解的证据，也就是在思考教学和学习之前，教师要先考虑评估，然后教师才能专注设计最有可能促进学生理解的学习活动。

四、一致性原则

一致性原则就是指教学评一致性原则。"教"是基于核心素养目标和内容载体设计的教学目标和教学活动；"学"是基于教师的指导，学生作为主体参与的一系列语言实践活动；"评"是评价，主要发挥监控教与学过程和效果的作用。一致性原则要求教师在进行单元整体教学逆向设计时，努力围绕表现性任务来设计学习活动，并向学生提供或展示与学习目标相对应的成功标准，让学生在学习过程中有意识地进行自我管理和监测；及时从学生的表现中得到学习反馈，给予学生真正需要的支持和帮助。一致性原则要求教师始终围绕目标，基于评估证据，随时监测和诊断学习任务组织、学习活动实施是否紧扣学习目标，是否有利于学习证据、学习成果的产出，以反哺教学，进而促进教师改进教学；要求学生基于评价标准，在教师的引导下进行自我评价，并根据评价结果反思学习行为，调整自己的学习策略，从而逐渐养成良好的学习习惯以及主动学习和反思的能力，提升学习质量。

第二节　高中英语单元整体教学
逆向设计路径

　　单元整体教学是指教师基于课程标准，围绕特定主题，对教材等教学资源进行深入解读、分析、整合和重组后，结合学习主体的需求，搭建一个由单元大主题统领、各语篇次主题相互关联且逻辑清晰的完整教学单元，使教学能够围绕一个完整的主题设定单元目标，引导学生基于对各单独语篇小观念的学习和提炼，逐步建构该单元主题的大观念。[①]因此，教师要围绕单元主题，建立单元内各语篇子主题之间的关联，搭建具有整体性和结构化特征的单元整体教学框架。

　　教学设计是教学中非常重要的环节，教学设计的成功与否直接决定了教学效果的好坏。单元整体教学设计是对整个单元的统领分析，关注的是整体，构建的是宏观与微观相结合的、立体化的构架。做好单元教学设计，能够从整体上把握这一单元的知识，使教师对整个单元知识的结构有一个清晰的认识，有助于教师更好地理解、解读和把握教材，也能让学生对整个单元的知识有一个系统的理解。然而，逆向教学设计是与常规教学设计思路相反的一种设计方

① 王蔷，周密，蔡铭珂.基于大观念的高中英语单元整体教学设计［J］.中小学外语教学（中学篇），2021，44（1）：1-7.

法。教师在理解为先的理念指导下，以终为始，从学生习得的角度出发，确定预期学习结果（目标），再寻求证明预期学习结果（目标）实现的证据。在厘清学习结果（目标）和评价依据的基础上，设计教学过程和活动。课题组通过对文献的对比研究发现，单元整体教学要求与逆向设计过程的设计逻辑具有很强的内在逻辑关联。因此，课题组在赵玉莲老师的逆向设计模板的基础上构建了高中英语单元整体教学逆向设计"3344"操作路径，包括前端分析、逆向设计单元教学、逆向设计课时教学等三个环节，具体为前端分析中的三个维度分析、逆向设计单元教学中的四个步骤、逆向设计课时教学中的四个步骤，如图2-2-1所示。

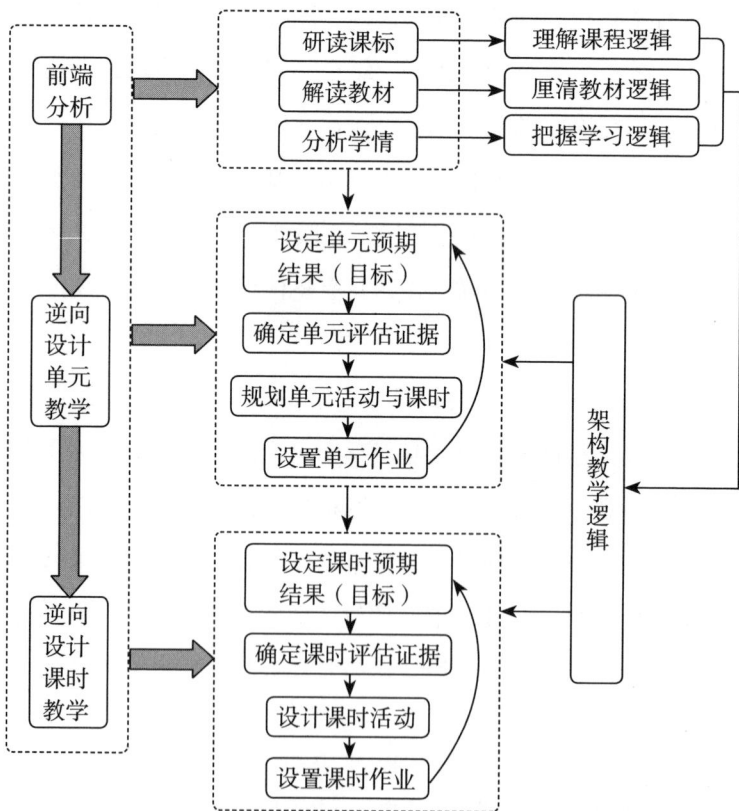

图2-2-1　高中英语单元整体教学逆向设计"3344"操作路径图

高中英语单元整体教学逆向设计"3344"操作路径说明：

第一个"3"指的是大的三个环节，即前端分析、逆向设计单元教学、逆向设计课时教学。

第二个"3"指三个维度，即前端分析中的研读课标、解读教材、分析学情。

第一个"4"指逆向设计单元教学的四个步骤，即设定单元预期结果（目标）、确定单元评估证据、规划单元活动与课时、设置单元作业。

第二个"4"指逆向设计课时教学的四个步骤，即设定课时预期结果（目标）、确定课时评估证据、设计课时活动、设置课时作业。

高中英语单元整体教学逆向设计"3344"操作路径图中三个环节的逻辑关系如图2-2-2所示。

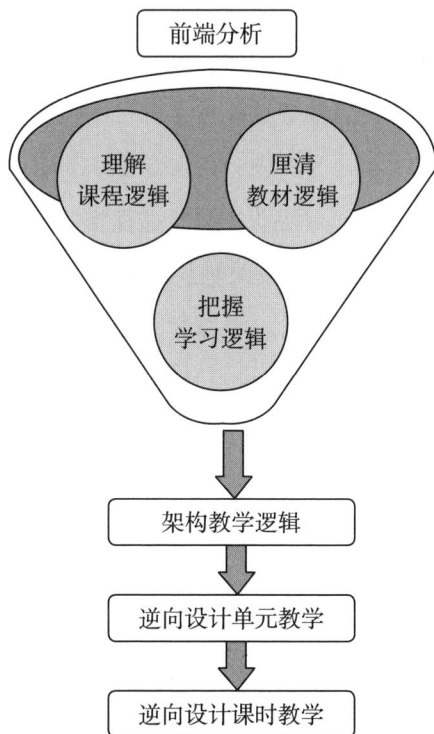

图2-2-2　三个环节的逻辑关系图

通过操作路径图的第一环节，即前端分析中的研读课标、解读教材、分析学情，教师才能深刻理解课程逻辑、厘清教材逻辑、把握学习逻辑，在此基础上，架构单元教学和课时教学逻辑，即实现操作路径图的第二环节（逆向设计单元教学）和第三环节（逆向设计课时教学）。第二、三环节是单元整体教学逆向设计的关键所在，是教学逻辑的核心，主要有以下三个方面的原因：

首先，从教的逻辑维度审视，以往教师大多倾向于以课时为单位，通过逐一达成小目标的方式推进教学，最终经由复习整合各小目标，以拼凑成整体大目标，从而彰显总的教学宗旨。而现在转向以单元整体为视角，强调以大目标为引领，统摄并驱动各小目标的设定与实施。在单元整体教学的框架下，深度融合并体现教学、评价和学习一体化的理念。

其次，从学的逻辑层面分析，以前学生大多是从已知的知识基础出发，循序渐进地探索未知领域，而今转变为引导学生直接面对未知，从未知状态出发，使学生自我感知知识或能力的欠缺，进而通过主动学习与建构，逐步将未知转化为已知。这也正是逆向教学设计理念的鲜明体现：它以预期的学习结果（目标）为核心导向，以问题为引领，促使学生认识自身与目标之间的差距，从而开展有目的、有意义的学习活动。在此过程中，鼓励学生自主发现问题，明确个人学习任务，已成为单元（或课时）教学设计不可或缺的逻辑起点。

最后，从学生成长的逻辑来讲，大多数教师既往的思维方式是坚持"学以致用"的原则，即先广泛汲取各类知识并加以储备，待日后面临特定情境时，方能运用这些已积累的知识予以应对。而现在的逻辑是直接以用导学、以需导学。课时活动情境设计更加注重让学生感知与体验真实的、现实的问题，了解知识的价值和用处。从生活的价值出发、从知识的价值出发去激发学生的学习动机，让学生明白知识的价值，主动投入学习，这样的思路将会改变情境教学设计的思路，以及学生学习的动机与出发点。

以前许多教师从输入端开始思考教学，即从固定的教材、擅长的教法以及常见的活动开始思考教学。[①]换句话说，教师大都花大量的时间思考自己要做什么，而不是首先思考为了实现学习目标，学生需要什么，关注的是自己的"教"。现在逆向设计强调从输出端开始，即"以终为始"，关注的是学生的"学"，从预期学习结果开始的逆向思考教学，将习惯的做法进行"翻转"。因此，我们认为操作路径图中的第二、三环节是高中英语单元整体教学逆向设计的关键，是教学逻辑的核心所在。

一、前端分析是单元整体教学逆向设计的出发点

前端分析要求教师首先深入研读课程标准，明确教学的指导思想和目标；然后细致解读教材内容，理解其结构和深层含义；最后通过问卷或访谈等方式分析学生的需求和背景，找到学生的最近发展区。前端分析（图2-2-3）是进行单元整体教学逆向设计的出发点，它主要依据三大方面的情况：一是《普通高中英语课程标准（2017年版2020年修订）》（以下简称《课标》）；二是教材提供的单元内容；三是授课年级或班级的学生情况。这三者互为支撑、相互依存。

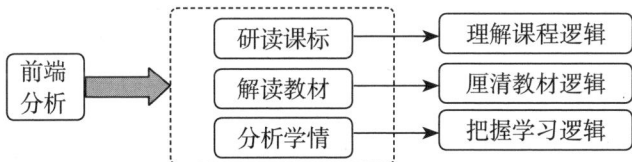

图2-2-3　前端分析图

（一）研读课标

《课标》是教师开展教育教学工作的依据，它明确了英语课程总目标，即全面贯彻党的教育方针，培育和践行社会主义核心价值观，落实立德树人根本任务，在义务教育的基础上，进一步促进学生英语学科核心素养的发展，培育

---

① 威金斯，麦克泰格.追求理解的教学设计（第二版）[M].闫寒冰，宋雪莲，赖平，译.上海：华东师范大学出版社，2017.

具有中国情怀、国际视野和跨文化沟通能力的社会主义建设者和接班人。基于课程总目标，《课标》将体现课程的具体目标的核心素养分为四个要素。各要素的发展以三个水平或学段划分，明确了学生在学完本阶段或本单元课程之后，语言能力、文化意识、思维品质、学习能力等四个要素应该达到的水平。《课标》对"核心素养1：语言能力"的三级描述见表2-2-1。

表2-2-1 《课标》对"核心素养1：语言能力"的三级描述

素养级别	核心素养1：语言能力
一级	意识到英语和英语学习与个人发展、国家发展和社会进步的关系，意识到语言与世界、语言与文化和思维之间有联系；具有初步的英语语感。在熟悉的语境中，较为熟练地使用已有的英语语言知识，理解多模态语篇传递的要义、主要信息和意图，辨识语篇的整体结构和文体，根据上下文推断意义；陈述事件，传递信息，表达个人见解和情感，在熟悉的人际交往中，尝试构建恰当的交际角色和人际关系
二级	认识英语和英语学习与个人发展、国家发展和社会进步的密切关系，认识语言与世界、语言与文化和思维之间的紧密联系；具有一定的英语语感，在理解和表达中发挥英语语感的作用。在常见的语境中，较为熟练地整合性运用已有的英语语言知识，理解多模态语篇传递的要义和具体信息，推断作者的意图、情感、态度和价值取向，提炼主题意义，分析语篇的组织结构、文体特征和语篇的连贯性，厘清主要观点和事实之间的逻辑关系，了解语篇恰当表意所采用的手段；有效地陈述事件，传递信息，表达个人观点和情感，体现意图、态度和价值取向，在常见的人际交往中，建构恰当的交际角色和人际关系
三级	深刻认识英语和英语学习与个人发展、国家发展和社会进步的密切关系，深刻认识语言与世界、语言与文化和思维之间的紧密联系；具有较强的英语语感，在英语理解和表达中有效发挥英语语感的作用。在更加广泛的语言情境中，熟练地整合性运用已有的英语语言知识，准确理解多模态语篇传递的要义和具体信息，推断作者的意图、情感、态度和价值取向，提炼并拓展主题意义，解析语篇结构的合理性和语篇主要观点与事实之间的逻辑关系，批判性地审视语篇的内容、观点、情感态度和文体特征，赏析语篇中精彩语段的表意手段；准确、熟练和得体地陈述事件，传递信息，表达个人观点和情感，体现意图、态度和价值取向，在较为广泛的人际交往中，建构恰当的交际角色和人际关系

　　《课标》根据学生在语言能力、文化意识、思维品质和学习能力等方面的核心素养发展水平，结合课程内容，整体刻画不同学段学生学业成就的具体表现特征，从而形成学业质量标准。依据不同水平学业成就表现的关键特征，学业质量标准明确将学业质量划分为不同水平，并描述了不同水平学生学习结果的具体表现。高中英语学业质量是对学生多方面发展状况的综合衡量，它根据问题情境本身的复杂程度，问题情境对相关知识、技能、思维品质的要求，以及问题情境涉及的情感态度和价值观念等划分为三个水平：水平一主要用于检测必修课程的学习结果，水平二主要用于检测选择性必修课程的学习结果，水平三主要用于检测选修课程中提高类课程的学习结果。普通高中学业质量标准见表2-2-2。

表2-2-2　普通高中学业质量标准

学业质量水平一		学业质量水平二		学业质量水平三	
序号	质量描述	序号	质量描述	序号	质量描述
1-1	在听的过程中，能抓住日常生活语篇的大意，获取主要事实、观点和文化背景	2-1	在听的过程中，能抓住熟悉话题语篇的大意，获取其中的主要信息、观点和文化背景	3-1	能通过听，抓住较为复杂的口语语篇的大意，理解其中的主要信息、观点和文化背景
1-2	能根据重音、语调、节奏的变化，理解说话人所表达的意义、意图和情感态度	2-2	理解说话者选用的词汇、语法结构和语音手段所实现的特殊表达效果	3-2	理解专题报告、演讲、辩论等正式口语语篇的结构和主要语言特征
1-3	在听的过程中，能注意到图片、符号、表格、动画、流程图等传递的信息	2-3	能借助说话人使用的图片、表格、动画、视频片段、示意图等多模态资源，更准确地理解话语的意义	3-3	理解电影、电视、广告等视觉媒体传递的信息、意义和情感态度

续 表

学业质量水平一		学业质量水平二		学业质量水平三	
序号	质量描述	序号	质量描述	序号	质量描述
1-4	能简要地口头描述自己或他人的经历，表达观点并举例说明	2-4	在比较复杂的语境中，能口头描述自己或他人的经历，表达情感态度，描述事件发生、发展的过程，描述人或事物的特征，阐释和说明观点	3-4	与不同地域的人进行交流时，可以识别出其发音和语调的不同
1-5	能口头介绍中外主要节日等中外文化传统和文化背景	2-5	根据交际场合的正式程度和行事程序，选择正式或非正式、直接或委婉的语言形式表达道歉、请求、祝愿、建议、拒绝、接受等，体现文化理解，达到预期交际效果	3-5	在比较复杂的语境中，能口头描述自己或他人的经历，表达情感态度，描述事件发生、发展的过程，描述人或事物的特征，说明概念，并对观点、事件、经历进行评论
1-6	在口头表达中，能根据交际场合和交际对象的身份，选择恰当的语言形式（如正式或非正式、直接或委婉的表达方式），表达意义、意图和情感态度；能借助手势、表情、图表、图示等非语言手段提高表达效果	2-6	能在口头表达过程中有目的地选择词汇和语法结构	3-6	根据社会交往场合的正式程度、行事程序以及与交际对象的情感距离，选择正式或非正式、直接或委婉的语言形式恰当地交流和表达态度、情感和观点，体现文化理解，达到预期交际效果

续 表

学业质量水平一		学业质量水平二		学业质量水平三	
序号	质量描述	序号	质量描述	序号	质量描述
1-7	能通过重音、语调、节奏的变化，表达特殊的意义、意图和情感态度	2-7	能在表达中借助语言建构交际角色，体现跨文化意识和情感态度	3-7	能针对所看的电影、电视、演讲等发表评论，表达个人观点
1-8	能通过重复、解释、提问等方式，克服交际中的语言障碍，保持交际的顺畅	2-8	能判断和识别书面语篇的意图，获取其中的重要信息和观点；能识别语篇中的主要事实与观点之间的逻辑关系，理解语篇反映的文化背景；能推断语篇中的隐含意义	3-8	能在口头交流过程中，根据需要插话或转移话题；能归纳、提炼和总结口头交流中的主要内容
1-9	能通过读与看，抓住日常生活语篇的大意，获取其中的主要信息、观点和文化背景；能借助多模态语篇中的非文字资源，理解语篇的意义	2-9	能识别语篇中的内容要点和相应的支撑论据；能根据定义线索，理解概念性词汇或术语；能理解文本信息与非文本信息的关系	3-9	能阐释和评价语篇所反映的情感、态度和价值观；能根据语篇中的事实进行逻辑推理；能辨别并推论语篇中隐含的观点；能分辨语篇中的冗余信息
1-10	能区分语篇中的主要事实与观点；能基于所读和所看内容，进行推断、比较、分析和概括	2-10	能识别语篇中新旧信息的布局及承接关系；能理解语篇成分之间的语义逻辑关系，如：次序关系、因果关系、概括与例证关系；能识别语篇中的时间顺序、空间顺序、过程顺序等	3-10	能批判性地审视语篇的结构和连贯性；能识别正式文体的语篇结构、语言特征和行文格式；能识别语篇中的字体、字号等印刷特征所传递的意义

续 表

学业质量水平一		学业质量水平二		学业质量水平三	
序号	质量描述	序号	质量描述	序号	质量描述
1-11	能识别语篇的类型和结构，辨识和分析语篇的文体特征及衔接手段，识别语篇为传递意义而选用的主要词汇和语法结构	2-11	能在语境中理解具体词语的功能、词语的内涵和外延以及使用者的意图和态度，能理解语篇中特定语言的使用意图以及语言在反映情感态度和价值观中所起的作用	3-11	能识别语篇中使用的隐喻等修辞手法并理解其意义；能识别语法结构在组织语篇中的作用
1-12	能识别语篇直接陈述的情感态度、价值观和社会文化现象	2-12	能根据所学概念性词语，从不同角度思考和认识周围世界，能识别语篇间接反映或隐含的社会文化现象	3-12	理解和欣赏经典演讲、文学名著、名人传记、电影、电视等，分析评价语篇所包含的审美元素
1-13	能以书面形式简要描述自己或他人的经历，表达观点并举例说明；能介绍中外主要节日和中华优秀传统文化；书面表达中所用词汇和语法结构能够表达主要意思	2-13	能在书面表达中有条理地描述自己或他人的经历，阐述观点，表达情感态度；能描述事件发生、发展的过程；能描述人或物的特征，说明概念；能概述所读语篇的主要内容或续写语篇	3-13	能通过书面方式再现想象的经历和事物，对事实、观点、经历进行评论；能根据需要创建不同形式的语篇

续 表

学业质量水平一		学业质量水平二		学业质量水平三	
序号	质量描述	序号	质量描述	序号	质量描述
1-14	能运用语篇的衔接手段构建书面语篇、表达意义,体现意义的逻辑关联性;能借助多模态语篇资源提高表达效果	2-14	能在表达过程中有目的地选择词汇和语法结构,确切表达意思,体现意义的逻辑关联性;能使用多模态语篇资源,达到特殊的表达效果	3-14	能使用衔接手段有效提高书面语篇的连贯性;能使用特殊词汇、语法创造性地表达意义

学业质量标准是开展课堂教学的依据,是阶段性评价、学业水平考试以及高考命题的重要依据,是检验该课程目标是否达成以及达成程度的指标。从表2-2-2可以看出,学业质量水平主要是按照听、说、读、写、看等语言技能方面的能力表现来描述的。这些技能指标可以帮助教师更好地把握教学要求,因材施教,同时能为语言技能课型划分、确定语言技能课型的评估证据、检测学生的学习效果提供明确的依据,使得课时分配、目标设置和考试评价等具有较强的可操作性。

英语课程总目标、课程具体目标与英语学业质量标准之间的关系如图2-2-4所示。

课程总目标是指课程在促进学生素养发展方面的预期目标。而课程具体目标是用来检验该课程目标是否达成以及达成程度的检验指标,它在管理方式和评价标准上注重的是"教师怎么教"与"教了多少"的问题。学业质量标准则将关注点从教师的"教"转向学生的"学",通过对学生学习表现的指标体系及其评价工具的系统建构,细致描述和具体规定学生预期的学习过程与结果。

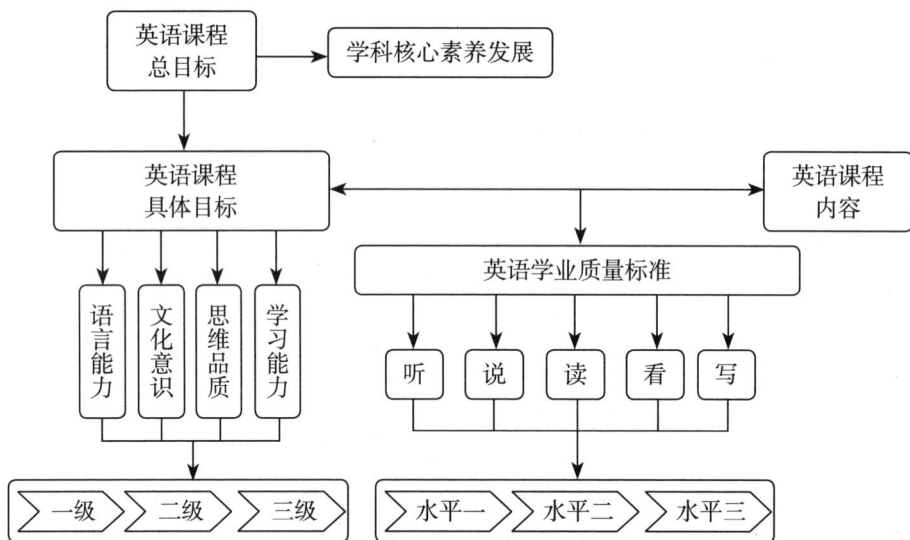

图2-2-4 英语课程总目标、课程具体目标与学业质量标准关系图

学业质量标准是基于核心素养建立的，是核心素养在教育教学当中的具体体现；核心素养引领学业质量标准的研制方向，为制定学业质量标准提供指导。[①]学业质量标准是针对课程及其内容的学习结果制定的检验标准。高中英语学业质量的三个水平就是分别针对高中阶段英语必修课程、选择性必修课程和选修课程中提高类课程而制定的标准。它并不规定这三类课程本身的学习内容，而是规定学生通过这三类课程的学习应该达到的学习质量水平。核心素养划分为三个等级，即一级、二级、三级；学业质量设三个水平，即水平一、水平二、水平三。学业质量标准源于核心素养及其水平划分，在一定程度上，它是核心素养及其水平划分在课程实施过程中的具体化。

《课标》中的学业质量标准与核心素养、课程目标和课程内容等板块相互渗透、融合互动，形成合力，共同促进学生正确价值观、必备品格和关键能力

---

① 辛涛.学业质量标准：连接核心素养与课程标准、考试、评价的桥梁［J］.人民教育，
2016（19）：17-18.

的形成。学业质量标准结合课程内容，规定了学生在阶段性学习结束后需要达到的基本能力和素养水平。由此可见，学业质量标准与课堂教学和学习的联系更为紧密，有助于核心素养在教学、学习和评价等环节的落实。

因此，学习《课标》中有关课程目标、课程内容、学业质量标准的内容并对其进行解读，能够帮助教师深刻理解课程性质与逻辑，认识到学生核心素养发展的过程性和渐进性，为单元整体教学逆向设计奠定基础并指明方向。

（二）解读教材

解读教材是英语教学的起点和基础，做好解读教材是备课和上课的第一步。从教师的角度来说，解读教材是指教师通过对教材的认真阅读，进行细致、精确的分析，从而实现对教材意义准确、透彻的理解和把握。解读教材包含三个层次，分别是读懂、读透、超越。读懂是指保证教学内容的科学性，充分挖掘教材内容的内在价值；读透是指发现教学内容的知识结构，探索教学内容的设计思路；超越是指发现教材的独特意义和价值，指向"语用"，发现教材独特的意义和价值。因此，教师不仅要熟悉教材内容，还要对教材进行深入的研读，从而有效地把握教材的题材、体裁、重点语言学习内容（知识与技能），以及教材编者或作者希望传递的情感态度和价值观。教师对教材文本进行全面而深入的分析，有利于确定好教学目标和教学的重点。解读教材的水平决定了课堂教学的高度、深度、广度和效度。这就要求教师厘清该册教材单元与单元、单元内部各个板块之间的关系，深入研读语篇，解读语篇的主题、内容、问题结构、语言特点、作者观点等，全面且准确地回答以下三个关键问题：What——语篇的主题和内容是什么？Why——作者或说话人的意图、情感态度或价值取向是什么？How——作者为了恰当表达主题意义选择了什么样的问题形式、语篇结构和修辞手段？[①]

---

① 中华人民共和国教育部.普通高中英语课程标准（2017年版2020年修订）［M］.北京：人民教育出版社，2020.

　　《课标》指出英语教学材料包括教科书以及教师用书、练习册、活动手册、读物、音视频材料、挂图、卡片、教学实物、软件等。高中英语课程使用的教材是学生学习和教师教学的重要内容和手段。英语教材的编写要以课程标准规定的课程目标、课程内容和学业质量标准为依据，全面落实英语学科核心素养的培养目标。

　　外研版教材体现了工具性与人文性相统一的编写特点，坚持立德树人的根本任务。外研版教材在选材、内容、语言等各个方面突出学科的育人本质，帮助学生更好地培育中国情怀，坚定文化自信，拓宽国际视野，从而形成正确的世界观、人生观和价值观；突出学科核心素养的重要性，全面培养学生的语言能力、文化意识、思维品质和学习能力，帮助学生逐步形成正确的价值观念、必备品格和关键能力；遵循"理解—发展—实践"的原则（图2-2-5），以主题为纲设计单元任务，内容逐步扩展加深，呈螺旋式上升；语篇题材多样、体裁丰富；活动设计紧密围绕主题语境，注重整合语言技能和学习技能，充分体现英语学习活动观；同时强调学生学习策略的培养，突出文化意识的建构与发展。

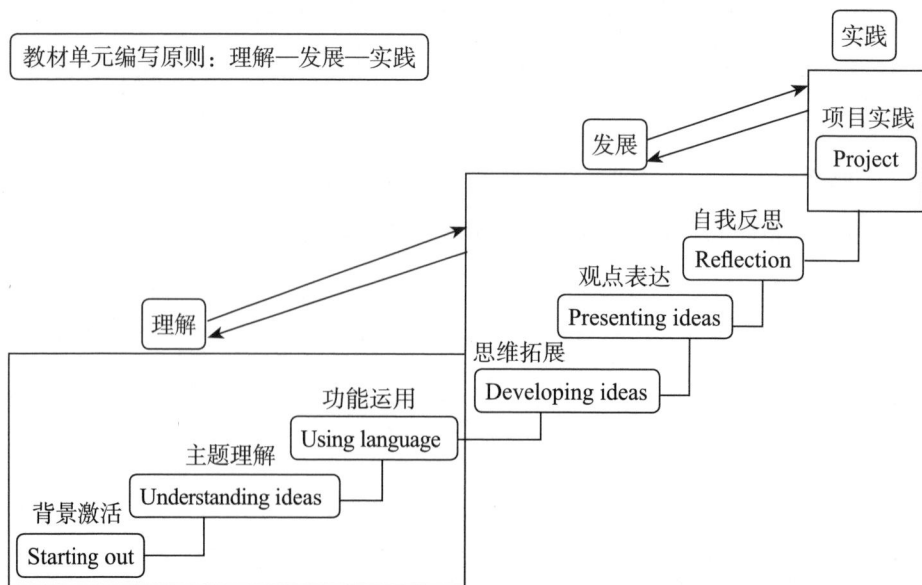

图2-2-5　单元教材编写原则图

通过对外研社现行英语教材的深入分析与梳理可知，其每个单元由七大板块构成（图2-2-6）。Starting out板块旨在激活学生已有的背景知识和语言知识，为接下来整个单元的学习活动做铺垫和预热。其内容为视频、图片等结合的多模态语篇。Understanding ideas板块为学生提供反映单元主题的语篇，学生通过学习，获取相关话题信息，产生对主题意义的思考，并初步感知本单元的目标语法。Using language板块分为三部分，分别为语法、词汇和听说结合的综合性活动。其中，听说结合的综合性活动旨在让学生尝试聚焦语言的意义和功能，在真实语境中进行交际运用。Developing ideas板块旨在拓展主题内容，发展学生思维能力，培养学生的核心素养。读写结合活动以阅读语篇为范文，或提供与其话题相关的范文，涵盖日记、网络博客、正式书信、菜谱、简历、实验报告等不同语篇类型，提供内容和结构支架，引导学生充分利用本单元所学的语言知识、技能和策略进行创作和互评，检验前面的学习活动成果，提升学生的语言能力、思维品质和文化意识。Presenting ideas板块主要通过讨论、评选、演讲、辩论等口头表达形式，进一步促进学生对所学内容的复习与掌握。开放或半开放性的活动有利于学生综合运用语言，与同学相互合作，展示个性，充分表达自己对主题思想的理解和认识。Reflection板块列出了本单元话题下学生可以实现的学习目标，体现了语言知识与技能、思维品质、文化意识等维度。该板块通过学生自我评价和总结的方式，帮助学生反思自己的学习成果，进而使学生认识到自己的进步与不足，逐步培养学生的自主学习能力。Project板块提供真实的语境和任务，学生综合本单元所学技能和知识有效完成开放性任务。学生需要以小组为单元进行调查、分工、合作，完成项目，并向全班汇报结果和完成项目过程中遇到的问题。

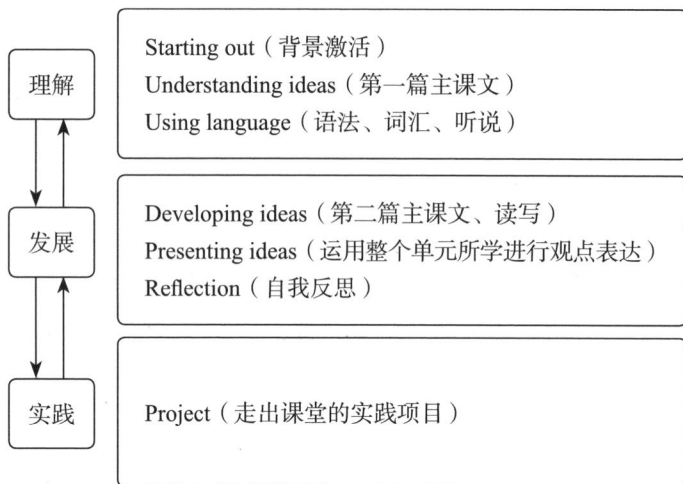

图2-2-6　教材单元结构图

教师通过认真通读教材理解教材，把握新教材的特点，从而达到驾驭教材的目的。了解教材编写的思想原则、框架结构、板块功能等，有助于教师全面认识课程内容，整体分析教材，将课标内容和具体教学内容联系起来，并根据课程目标和学业质量标准统整教材内容，为合理安排单元教学提供依据。

外研版高中英语教材必修模块、选择性必修模块各单元板块内容见表2-2-3、表2-2-4。

表2-2-3　外研版高中英语教材必修模块各单元板块内容

page	Student's book	
1	Starting out	
2~5	Understanding ideas	
6~9	Using language	Grammar, Vocabulary, Listening and speaking
10~13	Developing ideas	Reading
14~15		Writing
16	Presenting ideas & Reflection	
97~102	Project	

表2-2-4　外研版高中英语教材选择性必修模块各单元板块内容

page	Student's book	
1	Starting out	
2~5	Understanding ideas	
6~9	Using language	Grammar, Integrated skills
10~13	Developing ideas	Reading
14~15		Writing
16	Presenting ideas & Reflection	
97~102	Project	

（三）分析学情

分析学情指的是对学生在学习方面的特点、方法、习惯、兴趣、水平等的研究，简言之，就是"备学生"。分析学情不仅是教学活动的基本环节，也是研究的基本内容，更是教学设计的关键之处。美国著名认知教育心理学家奥苏伯尔（Ausubel）等曾说过："影响学习的最重要的因素是学生已经知道了什么，我们应当根据学生原有的知识状况去进行教学。"[1]只有充分全面地"研究并了解学生学习新知识之前具有的先备知识，配以设计教学"，才能够"产生有效的学习"。[2]因此，分析学情，充分了解掌握学生对单元主题已有的认知、能力与情感态度，以及存在的问题，是开展单元整体教学的重要前提。通过分析学情，教师可以全面了解学生，为教学目标的制定、教学内容的选取、学习起点的确定、教学方法与教学活动的选择提供依据。

第一，分析学情是精准设定教学目标的前提。

王敏勤在《教师应如何做学情分析，让课堂教学更富成效》一文中提到，

---

① 奥苏伯尔，等.教育心理学：认知观点［M］.余星南，宋钧，译.北京：人民教育出版社，1994.

② 同①。

没有分析学情的教学目标只能是空中楼阁，无法达到真正的教学效果；而只有对学生基本情况熟悉，知道学生已经掌握的知识、经验和学生的心理认知特点以及学习方式，才能确定学生在该学科学习过程中的最近发展区，从知识与技能、意义建构、迁移创新这三个方面来设定适合学生的教学目标。

第二，分析学情是教与学内容分析（包括教材分析）的基础。

在教学设计的过程中，只研究教学目标及教学内容，或者只研究课程标准以及教材都是不可取的。教学是一个动态的过程，不分析学情，这样的教学内容往往无的放矢，不利于学生的成长。只有认真研究学生，分析学情，才能准确把握教学内容的重难点和教学的关键所在。

第三，分析学情是教学方法选择和教学活动设计的重要依据。

没有分析学情就盲目选择教学方法和设计教学活动是不可取的。每个学生都是独立的、有差异的个体，只有充分研究学生、分析学情，课堂新知的教学、日常所做的练习、学生对新知的探究、学生之间的合作交流以及互动等活动才能得到落实，教学活动的有效性才能得到真正保障。

不同的教师在分析学情时，其分析视角及其对分析内容的界定等既有共性，又存在一定的差异。因此，我们在分析学情的过程中，可以根据分析的实际需要加以调整。一般来说，分析学情的基本内容包括学生认知能力、心理特点及年龄特征、已有知识经验、生活经验、学习习惯和对单元主题的学习兴趣等。常用的分析学情方法有观察法、问卷调查法、经验分析法、访谈法、资料分析法等。具体来说，我们可以从以下几个方面分析学情（图2-2-7）。

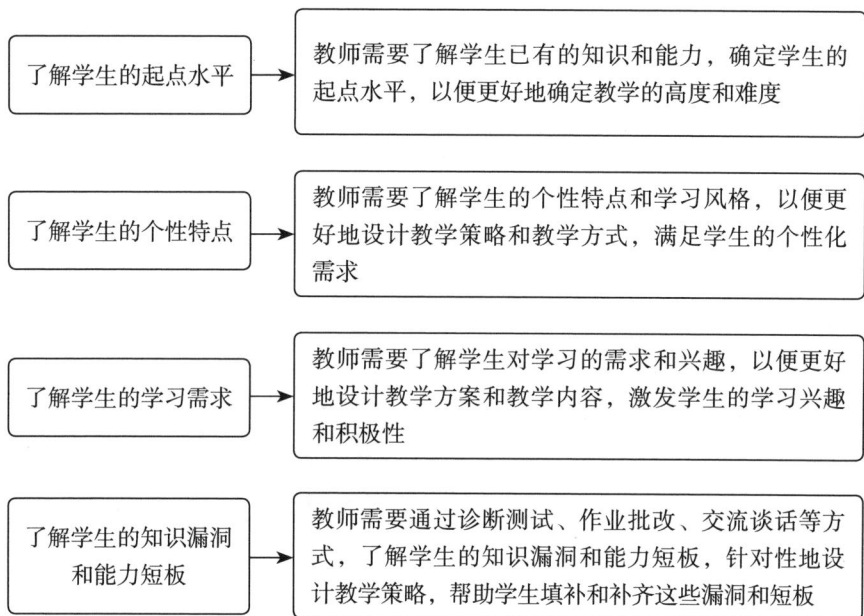

图2-2-7 学情内容分析图

总之，教师需要全面了解学生的实际情况，包括学生的起点水平、个性特点、学习需求、知识漏洞和能力短板等。分析学情是对"以学生为中心""以学定教"教学理念的具体落实。通过分析学情，教师充分了解掌握学生对单元或课时主题已有的认知、能力与情感态度以及存在的问题。分析学情可以为教学目标的制定、教学内容的选取、学习起点的确定、教学方法的选择提供依据，最终使课堂教学达到事半功倍的效果。

二、逆向设计单元教学是单元整体教学设计的立足点

逆向设计单元教学是单元整体教学设计的第二个环节。在第一个环节中，教师基于课标解读教材和分析学情，提炼单元主题意义，按照主题意义逐步深入探究的顺序梳理教学内容，将单元主题分解成若干子主题并落实到各板块学习中，并明确教学内容。在第二个环节，教师要先设定单元预期结果（目

标），然后确定达成单元预期结果（目标）的评估证据，并规划单元教学活动和课时，最后基于单元预期结果（目标）来设置单元作业。逆向设计单元教学模型如图2-2-8所示。

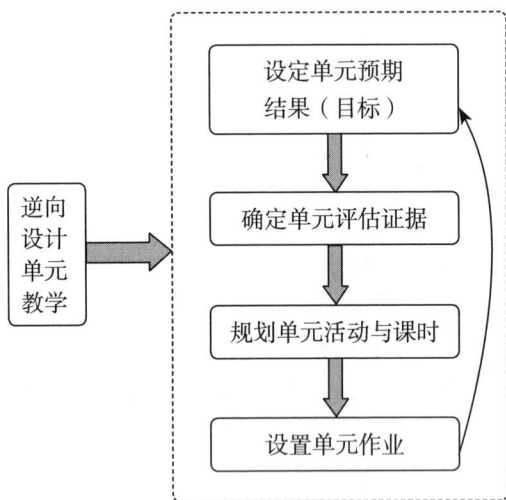

图2-2-8　逆向设计单元教学模型图

（一）设定单元预期结果（目标）

单元预期结果（目标）是学生在完成整个单元学习后的综合素养表现，是教学的宗旨和灵魂。教师应以发展学生英语学科核心素养为宗旨，围绕主题意义探究，设计能体现学生各素养融合发展的单元预期结果（目标），引导学生在主题单元的学习、理解和探究主题意义中发展语言能力，拓宽表达视角和文化视野，提升思维品质，反思并调整自己的行为，提升学习能力，逐步实现核心素养的综合发展。单元预期结果（目标）的设定应以课程标准、教材和学生三个维度为依据。课程标准规定了学科教学的目的、任务、内容及基本要求，教材则是学生达到课程标准规定学习要求的载体。学生作为学习的主体，其认知水平、学习经验和兴趣爱好等因素会影响单元教学目标的达成效果。威金斯和麦克泰格提出的逆向设计目标设计模型图（图2-2-9）中，其三个关键阶段中的第一阶段"研究预期结果"将学习目标分成了三个层次（T-M-A）：迁移目标（Transfer）、意义目标（Meaning）和知识与技能的获得目标（Acquisition of knowledge and skills）。因此，教师最重要的就是参照此框架从以下三个维度来设计由远及近、层次鲜明、思路清晰的单元预期结果（目标）。

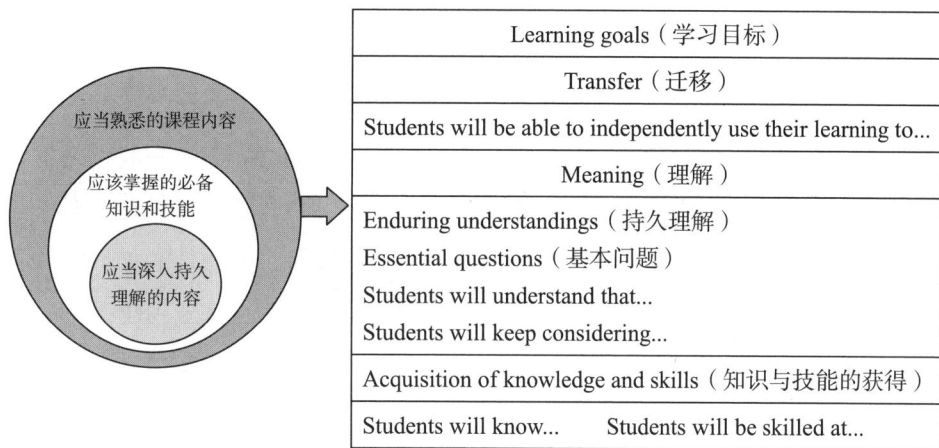

Learning goals（学习目标）
Transfer（迁移）
Students will be able to independently use their learning to...
Meaning（理解）
Enduring understandings（持久理解） Essential questions（基本问题） Students will understand that... Students will keep considering...
Acquisition of knowledge and skills（知识与技能的获得）
Students will know...　　Students will be skilled at...

左侧圆形图标注：
- 应当熟悉的课程内容
- 应该掌握的必备知识和技能
- 应当深入持久理解的内容

图2-2-9　逆向设计目标设计模型图

逆向设计目标设计模型图说明：

学生学完这个单元，能够将所学内容自主运用到生活中去的能力。这体现为学习迁移（Transfer）。

学生在学习过程中需要思考哪些问题，预期的理解是什么。这涉及意义建构（Meaning）。

学完本单元，学生将会获得哪些重要的知识和技能。这体现为掌握知识与技能（Acquisition of knowledge and skills）。

注：需要特别说明的是，在前后文中所提到的预期结果（目标）的三个维度将以A-U-T形式出现，即知识与技能的获得目标（Acquisition of knowledge and skills）、理解目标（Understanding）和迁移目标（Transfer）。课题组在实践的过程中，结合实际情况，将威金斯和麦克泰格所提出的逆向设计目标设计模型图中的预期结果（目标）设计部分的意义目标（Meaning）改为理解目标（Understanding）。

（二）确定单元评估证据

为检验第一阶段的预期学习结果（目标），教师需要根据教学目标选择合适的评价方式，利用收集的证据来思考单元和课程规划，及时反馈并调整教学。单元评估证据可检测学生在完成单元学习内容后达到的要求和能力水平。在确定单元评估证据时，教师要依据单元预期结果（目标），凸显核心素养在评价中的主导地位，注重评估维度的多元性、评估标准的科学性和评估方式的适切性，发挥学生在评价中的主体作用。整体教学设计发生在学习全过程中的持续性评价方案和工具，包括可以反映学生学习活动、学习结果以及教师教学行为的评价标准或量表、评价方式、信息反馈手段。

为降低教学活动设计的盲目性和随意性，增强评估工作的科学性和可操作性，强化预期结果（目标）评估的过程性，使评价始终贯穿整个教学过程，且始终围绕预期结果（目标）进行，促进教学评一致，教师需要重点从学习过程和学习结果两方面关注评价标准，关注教学内容和教学方式是否与单元预期结果（目标）一致，是否符合学生特点，是否指向学生的理解、应用和思维发展，以及评价是否规范且具有开放性，评价主体是否多元。

（三）规划单元活动与课时

怎样"学"和"教"才能有效促进预期结果（目标）的达成？教学活动计划，即通过学与教的活动，教师引领学生"发现"证据，达成预期结果（目标）的过程显得尤为重要。它是实现单元预期结果（目标）的重要环节，并成为实现单元整体教学设计、实施的关键行为。统筹规划单元课时是对单元整体学习认知过程进行分解，将整个单元的大任务具体落实到各个课时中，促进单元预期结果（目标）的达成。教师在规划课时之前，要厘清单元板块之间的关联、语篇之间的关联，提炼单元的主任务，并设计任务群，即各个子任务；再结合单元主任务与子任务，以单元主题为引领，以语言技能训练为指向，安排听说课、阅读课、读写课、综合课和拓展课等课型。需要特别说明的是，子任务与课时不一定是一一对应的关系，有可能一个课时可以完成两个子任务，但子任务必须按顺序完成。同时，在进行课时划分时，我们应该遵循以下四个基本原则：

一是坚持以学生发展为本，课时划分必须体现年级与班级特征以及不同的梯度要求。

二是坚持学生认知规律与英语学科教学的规律，基于课程标准，突出学生的听、说、读、写、看等能力以及人文素养形成。

三是坚持基于教材编写的逻辑和要求以及学生的实际需要。

四是坚持单元整体教学，突出单元与课时之间、课时与课时之间的逻辑联系，关注输入与输出的关系问题，体现教与学的统一。

（四）设置单元作业

单元作业设置是指教师以单元为基本单位，依据一定的学习目的，通过选择、重组、改编、完善或自主开发等多种形式形成作业的过程。作业是课堂教学的延续和学校育人的载体，作业目标需要与课程标准、教学目标保持一致。教师在设置单元作业目标时，一要参照课程标准，体现学科本质，明确学科育人要求；二要结合教材内容，分析单元主题，厘清主题和话题的关系，挖掘教材的育人价值；三要关注学生的已有水平、思维特点和发展需求，培养学生主动学习的能力。

教师在设置单元作业时，要从单元视角对各个课时的作业目标、作业内容、作业类型、作业时间、作业难度等进行整体设计与统筹分配，实现课时作业之间的整体性、关联性与递进性，避免重复作业、机械作业和低效作业，适当增加发展学生高阶思维的作业比例；同时基于学生立场和学习过程整体来设置作业，引导学生学习方式向自主、合作、探究转变。

三、逆向设计课时教学是单元整体教学设计的落脚点

逆向设计课时教学（图2-2-10）是单元整体教学设计的第三个环节，是单元整体教学设计的落脚点。根据第二环节第三步安排好的单元课时，基于单元预期结果（目标）设定课时预期结果（目标），基于课时预期结果（目标）确定课时评估证据，围绕课时预期结果设计课时教学活动，最后依据课时教学预期结果来设置课时作业。

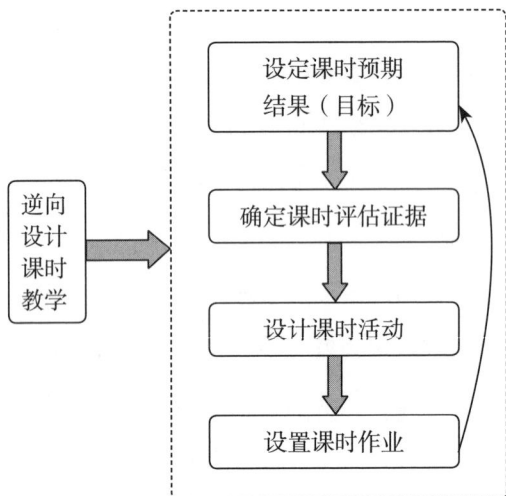

图2-2-10 逆向设计课时教学图

（一）设定课时预期结果（目标）

课时预期结果（目标）是依据单元预期结果（目标）制定的每一节课的学习目标，是对单元预期结果（目标）的分解和具体化。根据学生对单元主题意义的探究发展层级，教师将单元预期结果（目标）分解到具体的课时教学中。根据教材不同板块的功能及学生的认知特点确定课型，教师从语言能力、文化意识、思维品质、学习能力等方面，结合课时教学内容及学情，确定可达成、可操作、可检测的课时预期结果（目标）。每个课时预期结果（目标）的设定

都要为达成单元整体预期结果（目标）服务，有机整合课程内容六要素，并根据教学实际需要有所侧重，避免脱离主题意义或碎片化呈现方式。总之，教师要在单元整体视域下思考课时的站位、要达成的学习目标、要解决的问题以及对单元预期结果（目标）的贡献。与此同时，课时预期结果（目标）的设定也要参照单元教学逆向设计的A–U–T。

（二）确定课时评估证据

课时评估证据作为课时评价目标的具体表现，是检测课时预期结果（目标）是否达成的表现性证据。在确定课时评估证据时，要以语言技能表现的关键特征为抓手，对学生的语言知识、语言技能、学习策略、思维水平等进行全面评估，评估结果应为教师调整教学和学生监控学习提供可靠依据。具体来说，就是要从问题意识、自主探究、合作分享等方面的具体表现评价学习过程，同时要引导学生对预期学习结果即A–U–T（见单元整体教学设计模板1）预期结果进行自评。

（三）设计课时活动

课时活动是对预设的预期结果（目标）和评估证据的具体落实。教师应以《课标》提出的英语学习活动观为指导，紧扣课时预期结果（目标），围绕主题语境，根据子任务设计学习理解、应用实践、迁移创新等层层递进的语言、思维、文化相融合的活动序列，引导学生加深对主题意义的理解，帮助学生在活动中习得语言知识，运用语言技能，阐释文化内涵，比较文化异同，评析语篇意义，形成正确的价值观和情感态度，进而尝试在新语境中运用所学语言和文化知识，分析问题、解决问题，创造性地表达个人观点、情感和态度。

课时活动是能驱动素养目标实现的、具有一定挑战性和综合性的任务，也是与真实生活紧密联系的、能激活学生持久理解和探究的任务。教师在设计课时活动时，重点应放在活动情境的创设上，给学生以体验的机会，激发学生的学习内驱力，从而实现真正意义上的主动学习。

（四）设置课时作业

单元作业目标是总目标。将单元作业总目标分解成课时作业目标，可以使每一课时的作业设计更具针对性。教师在设计课时作业时，要注重课与课之间的层次性。每一课时的作业都要服务于后一课时的学习，为学生语言能力、学习能力、思维品质和文化意识的进阶做好铺垫。

与此同时，课时作业设置要体现分层。课时作业可分为必做和选做两类。必做作业包含基础性作业和发展性作业，当然也要为基础较好的学生提供挑战性作业，即选做作业。课时作业设置完成后，教师还要关注作业评价内容的情感性、评价形式的丰富性、评价主体的多元性以及评价的过程性等。只有课时作业的目标和内容最终落实到评价上，才能实现"通过作业影响学生德行与智识发展的价值初衷"。[①]将单元作业目标和核心任务分解并落实到各课时的作业设计中去，整体推进，螺旋上升，从而助力单元作业目标的达成和学生核心素养的提升。

---

① 蒋燕.文本解读琐议［J］.教育研究与评论（课堂观察），2016（5）：82-83.

第三章

高中英语单元整体教学
逆向设计的操作方法

第一节　如何进行前端分析

前端分析是单元整体教学逆向设计的出发点，是设定预期结果（目标）、确定评估证据、设计活动以及设置作业等步骤的前提和基础。该步骤包括研读课标、解读教材和分析学情，旨在帮助教师理解、厘清并把握课程、教材以及学习的逻辑，更好地为教学和学习服务。

本节将重点讨论如何进行前端分析，以外研版必修第一册第五单元 "Into the wild" 为例，为一线教师提供分析课标、教材和学生的具体方法。

一、研读课标

教师主要从英语学科核心素养、英语课程内容及高中英语学业质量水平等方面进行课标研读。教师从语言能力、文化意识、思维品质和学习能力等四个方面分析学生在学科核心素养方面应达到的水平，并从六要素整合的英语课程内容和学业质量标准方面分析学生应达到的能力要求。

新外研版必修第一册第五单元的主题语境为"人与自然"，话题为环境保护之人与环境、人与动植物。该话题贴近学生生活，能引起学生的共鸣。该单元的大问题为 "What is the relationship between humans and animals? Why do we protect animals? And how to protect them?"，即充分理解人类与动物的关系，意识到相关动物的生存现状，及时思考保护动物的措施，并付诸行动。学生在该主题的引领下，通过学习理解、应用实践、迁移创新等英语学习活动，基于已有的语言知识和技能，以及对人与动物关系的认识，依托视频、图片、说明文、记叙文等不同类型的语篇，在分析和解决问题的过程中，促进自身英语核心素养的发展（图3-1-1、图3-1-2）。

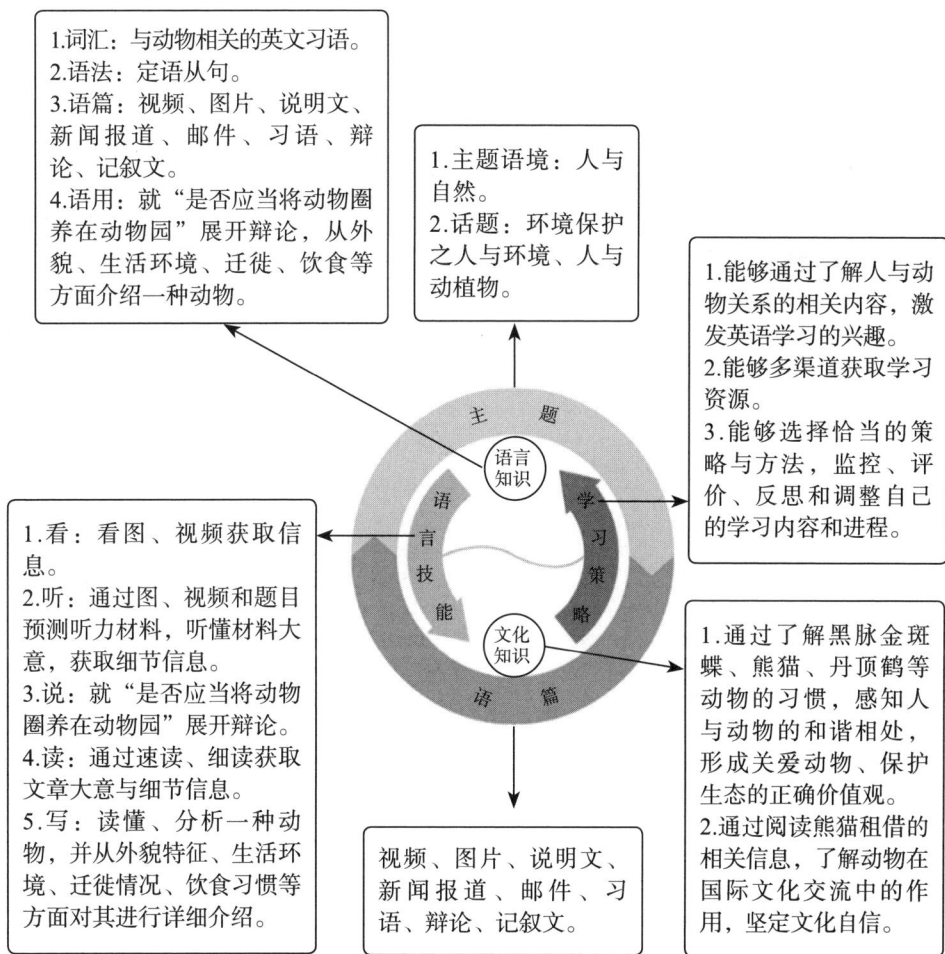

图3-1-1 六要素整合的英语课程内容

1.能够理解与动物有关的文章内容。
2.能够听懂并谈论与动物相关的话题，如使用新学语言谈论动物、围绕话题展开辩论等。
3.恰当运用定语从句描述自然界中的动物。
4.能够给动物创建档案。

语言能力　　文化意识

1.通过了解黑脉金斑蝶、熊猫、丹顶鹤等动物的习惯，感知人与动物的和谐相处，形成关爱动物、保护生态的正确价值观。
2.通过阅读熊猫租借的相关信息，了解动物在国际文化交流中的作用，坚定文化自信。

思维品质　　学习能力

1.能够在辩论中有逻辑、有条理地概括信息、构建概念、分析原因以及梳理逻辑关系。
2.能够创造性地表达关于人与动物关系的观点。
3.能够在深入理解文本的同时联系自身实际，思考如何处理好人与动物的关系，实现知识与思维能力的迁移。

1.能够通过了解人与动物关系的相关内容，激发英语学习的兴趣。
2.能够多渠道获取学习资源。
3.能够选择恰当的策略与方法，监控、评价、反思和调整自己的学习内容和进程。

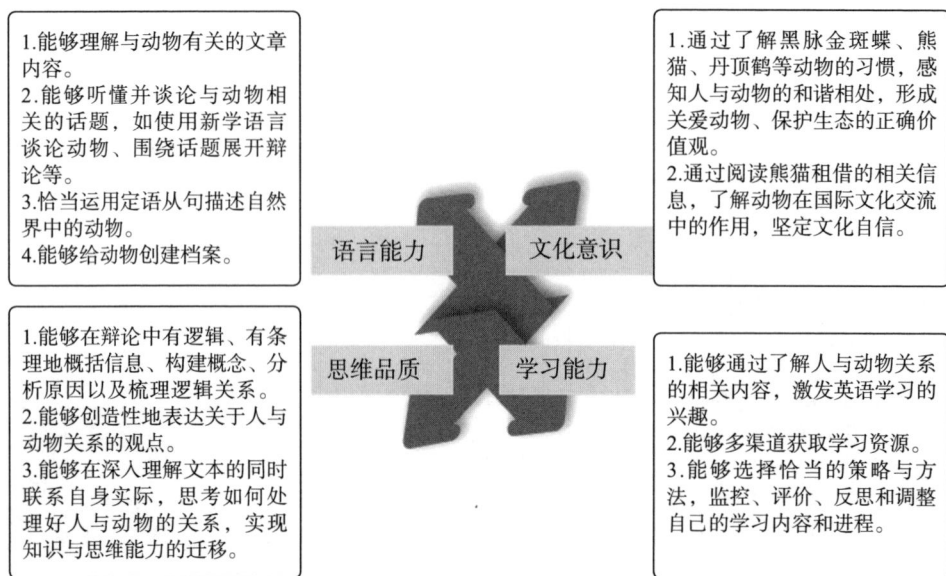

图3-1-2　学科核心素养应达到的水平

高中英语学业质量水平是指导教师开展日常教学的依据，其中，水平一主要用于检测必修课程的学习结果（《课标》P51）[①]。因此，该案例以学业质量水平一为标准来分析学生在新外研版必修第一册第五单元学习后应达到的能力要求（表3-1-1）。

表3-1-1　学业质量描述分析表

序号	学业质量描述（结合必修第一册第五单元）
1-1	在听的过程中，能抓住辩论语篇的大意，获取主要观点
1-2	能根据重音、语调、节奏的变化，理解说话人所表达的意义、意图和情感态度

① 中华人民共和国教育部.普通高中英语课程标准（2017年版2020年修订）［M］.北京：人民教育出版社，2020.

续 表

序号	学业质量描述（结合必修第一册第五单元）
1–3	在听的过程中，能注意到标题和流程图传递的信息
1–4	能简要地口头描述自己或他人与动物有关的经历，表达观点并举例说明
1–5	能口头介绍熊猫对我国的意义和熊猫外交的背景
1–6	在口头表达中，能根据交际场合和交际对象的身份，选择恰当的语言形式展开辩论、传达意义、表明意图并展现情感态度；能借助手势、表情、图表、图示等非语言手段来提高表达效果
1–7	能通过重音、语调、节奏的变化，表达特殊的意义、意图和情感态度
1–8	能通过重复、解释、提问、反驳等方式，克服辩论中的语言障碍，保持交际的顺畅
1–9	能通过读与看，概括说明文和记叙文的大意，获取其中的主要信息、观点和文化背景；能借助多模态语篇中的非文字资源（如图片、词云等），理解语篇的意义
1–10	能区分语篇中的主要事实与观点；能基于所读和所看内容，进行推断、比较、分析和概括
1–11	能识别语篇的类型和结构，辨识和分析语篇的文体特征及衔接手段，识别语篇为传递意义而选用的主要词汇和语法结构
1–12	能识别语篇的情感态度、价值观和社会文化现象（人与动物的关系）
1–13	能以书面形式从外貌、生活环境、迁徙、饮食等方面介绍一种动物，书面表达中所用词汇和语法结构能够表达主要意思
1–14	能运用语篇的衔接手段构建书面语篇、表达意义，充分体现意义的逻辑关联性；能借助多模态语篇资源（如搜集相关动物的图片和视频等）来提高表达效果

该部分要求教师依照《课标》找到其与特定单元之间的联系，进行宏观把控，并根据学生学完本单元后应达到的水平和能力进行下面的步骤。

二、解读教材

解读教材是将文本置于课程标准的相关年段以及教材的单元设想之中，分析并确定其教学价值。也就是说，解读教材要有学段的整体意识与单元整体教学概念，从学段的顶点俯瞰教学内容，从单元的前后联系中找到教学内容的准确定位。它是前端分析中最重要也是最为复杂的一个维度。课题组通过实践研究，形成了高中英语单元教材文本解读与分析路径图（图3-1-3）。

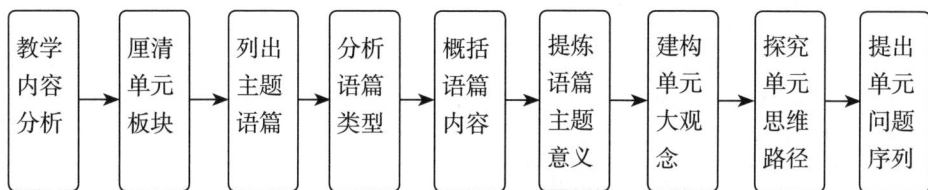

教学内容分析 → 厘清单元板块 → 列出主题语篇 → 分析语篇类型 → 概括语篇内容 → 提炼语篇主题意义 → 建构单元大观念 → 探究单元思维路径 → 提出单元问题序列

图3-1-3 高中英语单元教材文本解读路径图

根据高中英语单元教材文本解读路径图，我们可以从以下几个步骤进行解读与分析：第一，厘清单元板块。外研版英语教材包含六个板块，各板块在同一主题语境下，采用不同语篇，注重听、说、读、看、写等语言技能的训练，也注重语言知识与文化知识的学习，实现不同的育人功能。第二，在不同板块中找出主要的语篇，对其进行类型、内容和主题意义分析。第三，多角度分析语篇之间的关联，厘清教材逻辑，实现对单元主题意义准确、透彻的理解和把握，并结合课标分析与学情分析建构单元大观念。第四，基于单元环节，探究单元思维路径。第五，提出单元问题序列助力大观念的理解。

根据路径图（图3-1-3），课题组形成了高中英语单元教材文本解读模板（表3-1-2）。

表3-1-2 单元教材文本解读模板

语篇		语篇类型	语篇内容	主题意义	主题大观念	单元思维路径	单元问题序列
Starting out							
Understanding ideas							
Using language	Grammar						
	Vocabulary						
	Listening and speaking						
Developing ideas	Reading						
	Writing						
Presenting ideas							
Project							

以新外研版必修第一册第五单元文本为例，见表3-1-3。

表3-1-3 分析步骤和内容

语篇	语篇类型	语篇内容	主题意义	主题大观念	单元思维路径	单元问题序列
Starting out	视频、图片	英国人饲养宠物，人与动物的关系	初步感知人与动物应和谐相处	保护动物，与动物和谐相处	Issues ↓	What is the relationship between human beings and animals?

续 表

语篇		语篇类型	语篇内容	主题意义	主题大观念	单元思维路径	单元问题序列
Understanding ideas		科普类说明文	以科学家的观察和研究为依据介绍了黑脉金斑蝶的迁徙情况	继续探究人类对动物的迁徙的影响，树立保护动物意识	保护动物，与动物和谐相处		Why should people protect animals?
Using language	Grammar	新闻报道、邮件	中国熊猫到达荷兰的情况、南非之行	进一步思考人与动物的关系，认识到动物在人类文化中的重要作用，思考人类圈养动物的利与弊，呼吁人类保护动物		Effects	What are the effects that human behaviour has on animals?
	Vocabulary	习语	与动物相关的英语习语				How can we protect animals better?
	Listening and speaking	辩论	动物园饲养员和动物保护组织成员就"是否应该将动物圈养在动物园"展开辩论			Solutions	How can humans live in harmony with nature?
Developing ideas	Reading	记叙文	一位自然摄影师在美国黄石国家公园的一次惊心动魄的拍摄经历	反思人与动物的关系，认识动物、爱护动物、尊重动物、尊重自然、保护生态			
	Writing	说明文	丹顶鹤的基本信息				

续 表

语篇	语篇类型	语篇内容	主题意义	主题大观念	单元思维路径	单元问题序列
Presenting ideas	演讲	讲述能体现人与动物关系的故事	介绍人与动物的故事，表达人与动物关系的观点，将保护动物的措施落到实处	保护动物，与动物和谐相处		
Project	海报	介绍濒临灭绝的动物				

　　文本解读之梳理单元语篇，涵盖类型、内容和主题意义三个方面。参考《课标》中的主题语境内容要求、语篇类型的内容要求以及单元话题，简要概括语篇大意和主题。单元整体分析之探究单元思维路径，提出单元问题序列。在单元大观念的引领下，问题的设置由板块特点以及板块语篇的内容和主题意义决定。还以新外研版必修第一册第五单元"Into the wild"为例，本单元语篇层层推进，围绕人与动物的关系这一主题语境不断深化对主题意义的探究。本单元的学习活动包含感知与理解、实践与深化、内化与迁移三个层面，实现了从基于语篇、深入语篇到超越语篇的过渡与跨越，帮助学生在已有认知基础上形成新的知识结构，并将知识转化为能力，最后促进能力向素养的转化。因此单元问题序列也从最基础的"what"——人类与动物的关系，到需要进一步思考的"why"——保护动物的原因、人类活动对动物的影响，再到最后挑战思维的问题"how"——我们如何保护动物这三个层面进行设计，帮助学生形成爱护动物、尊重动物并与动物和谐共处的价值观。

　　除此之外，单元文本解读还需呈现单元主题大观念（图3-1-4）。英语学科大观念由主题大观念和语言大观念共同构成，指向学科本体和跨学科范畴。语言大观念致力于提升学生的语言意识、促进其语言能力的发展，而主题大观念则要培养学生的核心素养，体现学科的育人价值。

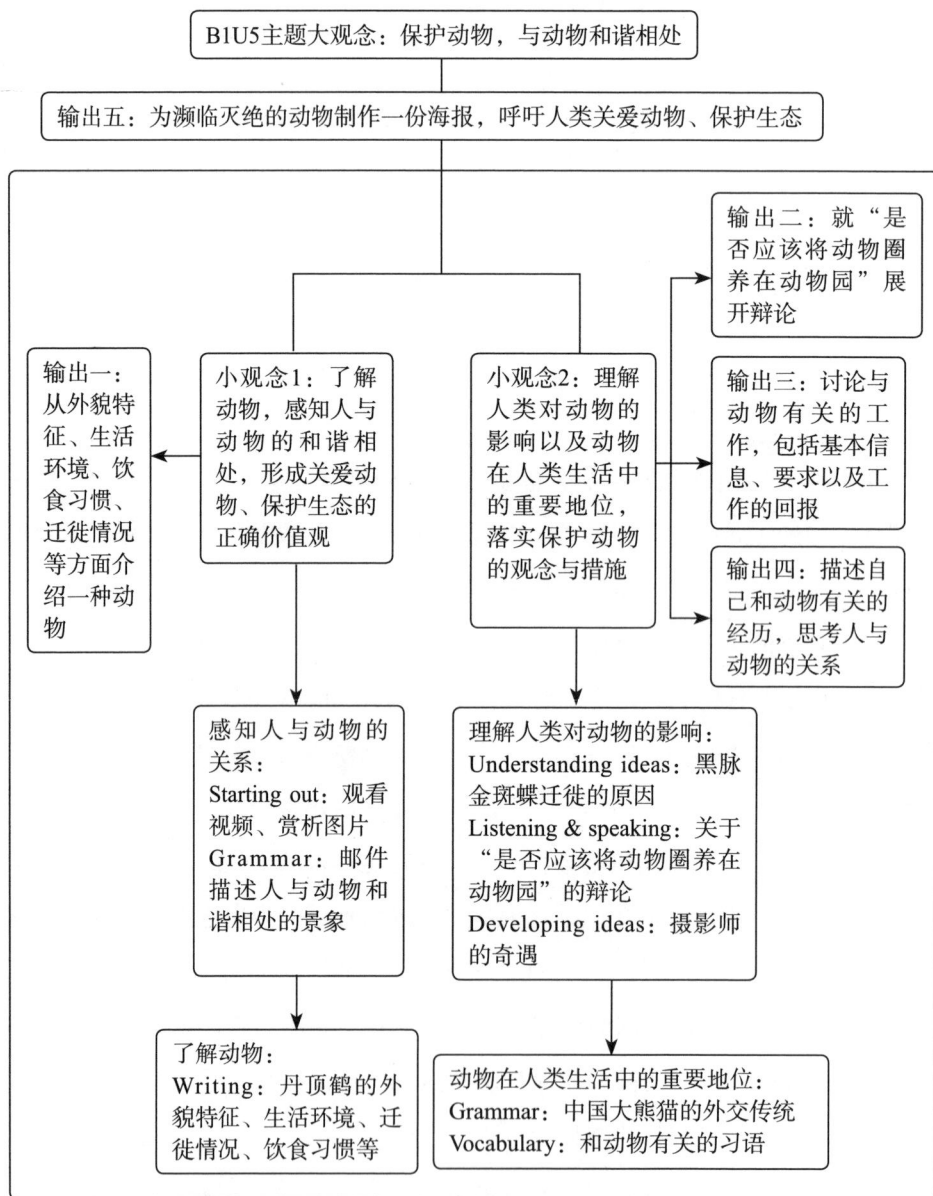

B1U5主题大观念：保护动物，与动物和谐相处

输出五：为濒临灭绝的动物制作一份海报，呼吁人类关爱动物、保护生态

输出二：就"是否应该将动物圈养在动物园"展开辩论

输出一：从外貌特征、生活环境、饮食习惯、迁徙情况等方面介绍一种动物

小观念1：了解动物，感知人与动物的和谐相处，形成关爱动物、保护生态的正确价值观

小观念2：理解人类对动物的影响以及动物在人类生活中的重要地位，落实保护动物的观念与措施

输出三：讨论与动物有关的工作，包括基本信息、要求以及工作的回报

输出四：描述自己和动物有关的经历，思考人与动物的关系

感知人与动物的关系：
Starting out：观看视频、赏析图片
Grammar：邮件描述人与动物和谐相处的景象

理解人类对动物的影响：
Understanding ideas：黑脉金斑蝶迁徙的原因
Listening & speaking：关于"是否应该将动物圈养在动物园"的辩论
Developing ideas：摄影师的奇遇

了解动物：
Writing：丹顶鹤的外貌特征、生活环境、迁徙情况、饮食习惯等

动物在人类生活中的重要地位：
Grammar：中国大熊猫的外交传统
Vocabulary：和动物有关的习语

图3-1-4 单元主题大观念

单元语言大观念（图3–1–5）包含数个小观念，是各板块内容和活动的凝练，更是问题序列的逻辑所在。因此，小观念根据问题序列撰写而成，由其引领活动的设计。

首先，阅读该单元所包含板块，将小观念一致的板块归纳在一起，凝练出小观念的具体内容。该单元有两个小观念：一是引导学生深入了解动物，感知人与动物和谐相处，进而树立关爱动物、保护生态的正确价值观。二是促使学生理解人类对动物的影响以及动物对人类的重要性，落实保护动物的观念和措施。

其次，总结各板块的学习活动，即通过哪些活动来体现小观念。小观念1由"Starting out""Grammar""Writing"三个部分形成，简要描述这三个部分的活动内容和目的。小观念2由"Understanding ideas""Using language""Developing ideas"三个部分形成，简要概括这些部分的内容。

再次，观察这些板块下学生需要产出的内容，构成输出活动。输出的内容在教材每个板块中皆有提及，有助于形成完整的小观念。在小观念1的指导下，学生需要口头介绍一种动物，从而更深层次地了解动物。小观念2要求学生进行辩论，讨论与动物有关的工作和经历，充分感知人与动物的关系以及我们如何与动物相处。

最后，总的输出活动一般是"Project"部分的内容，教师可以在教材的基础上，自行补充呼应主题的输出活动，带动学生将新旧知识技能融合，树立正确的价值观，并采取行动解决生活中的问题。本单元要求学生为一种濒危动物制作海报，使学生全面了解濒危动物，并思考保护措施。

B1U5语言大观念

理解动物相关的习语；用定语从句全面介绍一种动物；体裁特征；辩证地看待与动物有关的现象；掌握不同语篇的体裁

小观念1：围绕语义整合性学习语词汇和表达方式

鉴赏视频与图片

观看视频、观察图片并回答问题

识别并运用定语从句与关系副词

识别文中的定语从句，并在语境中运用定语从句描述场景和现象，或介绍与动物有关的工作

根据语境掌握与动物有关的英语习语

根据图片和语段学习不同习语，体会动物对人类生活的影响

小观念2：从正反面、因果关系等多角度思考、剖析、论证、总结、表达观点、提出建议；通过描述场景、经历和环境等，丰富故事内容

分析事件的因果关系

梳理文本结构，分析黑脉金斑蝶迁徙的原因，理解人类对人类迁徙的影响

找出辩论的主题、关注各方论点及支撑论据，辩证地看待辩论问题

学习如何就定话题明确观点并展开辩论，思考"是否应该将动物圈养在动物园"

剖析记叙文、找出故事发展脉络（六要素），多角度思考问题

讨论与动物有关的工作，包括基本信息、要求以及工作的回报；描述自己和动物有关的经历，思考人与动物的关系

从不同角度描述、介绍动物

从外貌特征、生活环境、饮食习惯、迁徙情况等方面介绍一种动物，从生活环境、数量、特点、现状、保护措施等方面为一种濒临灭绝的动物制作海报

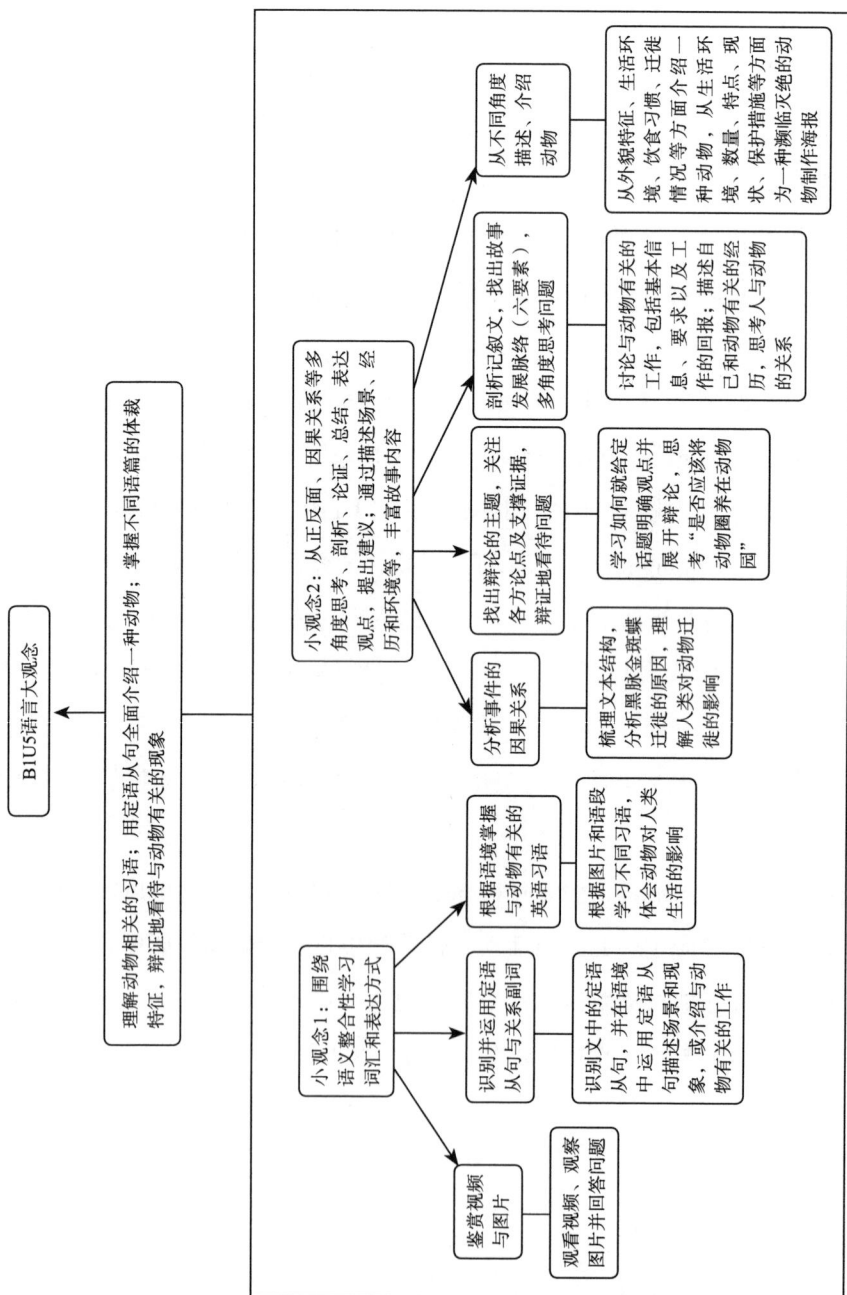

图3-1-5　单元语言大观念

由于英语学科具有工具性，语言也在单元文本分析的范畴之中。语言大观念是对技能和知识的提炼与概括，主要集中在语法、词汇、听说和写作部分，即"Using language"板块，有时"Presenting ideas"板块也会涉及与语言相关的活动。该部分的提炼步骤与主题大观念一致。首先，阅读教材板块，确定语言大观念。其次，将小观念一致的部分融合在一起，基本分为词汇、语法知识小观念和语篇、语用知识小观念。该单元介绍了定语从句中的关系副词引导词，要求学生理解并使用与动物有关的习语。再次，该单元要求学生通过阅读不同体裁的文章、进行辩论等思维活动提升语篇理解能力和语用能力。最后，用一句话概括板块内容，再详细介绍学生要完成的具体活动和要产出的内容。

三、分析学情

鉴于理解的重要性以及英语课程的特点，学情分析应围绕学生对本单元和本课时的理解进行（表3-1-4）。首先，调查学生已有的理解情况，即学生的个性特点、认知特征、已掌握的知识与技能以及对主题的理解程度。其次，分析本单元或课时需要帮助学生实现的理解，如他们所欠缺的知识技能、学习策略等。再次，梳理理解的难点，这需根据学生的最近发展区进行设计。最近发展区理论由心理学家维果茨基提出，该理论主张学生的发展水平可以通过更有能力的同伴或教师的引导和帮助得以提高。在这个理论框架下，学情分析不再仅仅聚焦于学生的现有知识水平，而是更加注重识别和利用学生的潜在发展区域。最后，罗列实现理解的措施，即针对学情和理解难点，教师要为学生搭建支架——在本课堂中通过何种方法弥补短缺，以及采取何种措施帮助学生实现真正的理解。

表3-1-4　学情分析模板

分析学情	个性特点与已知（已有的理解）	
	未知与需求兴趣（欠缺的理解）	
	难点（理解的难点）与突破措施（理解的措施）	

该小节以必修第一册第五单元"Into the wild"的单元学情分析为例（表3-1-5），详细梳理了学生对于单元主题背景的理解，包括学生已有的相关认知与技能，在此基础上，深入思考了学生可能遇到的难点，并提出了相应的突破措施。

表3-1-5　学情分析示例

项目	具体内容
个性特点与已知（已有的理解）	1. 学生处于高一阶段，此前已经接触过"人与自然、人与动物"等主题语境的内容，对动物表现出浓厚的兴趣。 2. 学生已有保护环境和动物的意识，深知动物对人类的重要性以及人类行为对动物的影响。 3. 学生已掌握相关词汇和表达，能简要阐述自己的观点。 4. 学生已经开始系统性地练习说明文阅读，掌握了该类文章的体裁特点，如结构、写作目的等
未知与需求兴趣（欠缺的理解）	1. 学生缺乏对有关动物（如黑脉金斑蝶等）的了解以及偶遇动物的相关经历。 2. 学生未接触过和动物有关的习语，缺乏辩论的经验。 3. 学生并未进行过系统性的说明文写作，在刚开始写作时会显得条理混乱，往往想到哪里写到哪里。 4. 学生对濒危动物的知识了解比较少，写作素材相对缺乏
难点（理解的难点）与突破措施（理解的措施）	1. 教师为学生搭建语言支架，助力学生理解相关习语，掌握辩论技巧，使其能够有逻辑地表达自己的观点。 2. 教师为学生搭建语篇结构和内容支架，梳理教材语篇，概括语篇结构及语言表达，引导学生掌握说明文和记叙文的写作特点，为后续写作任务做铺垫。 3. 教师指导学生通过自主学习、合作学习和探究学习相结合的方式，查找相关资料，进一步了解濒危动物的相关知识，促使学生采取具体措施保护动物、保护家园

第二节　如何设计单元与课时预期结果（目标）

在单元整体教学逆向设计中，最重要的就是预期结果（目标）的设计，它是课堂教学设计的起点，引领着课堂教学的方向、评价以及教学过程。根据《课标》，普通高中英语课程的总目标是全面贯彻党的教育方针，培育和践行社会主义核心价值观，落实立德树人根本任务。在具体目标方面，单元整体教学逆向设计主要致力于培养和发展学生在接受高中英语教育后所应具备的语言能力、文化意识、思维品质、学习能力等学科素养。在进行单元整体教学逆向设计时，教师只有对单元整体教学预期结果（目标）有清晰的认识，明确要带领学生往哪里去，才能更好地推进路线的寻觅与设计，也只有这样，接下来的评价设计、教学活动设计以及作业设计才不会偏离方向。

一、预期结果（目标）设计的理论基础

（一）布卢姆教育目标分类理论

1956年布卢姆在《布卢姆教育目标分类学》一书中将教育目标进行了划分，其中认知过程维度分为记忆、理解、应用、分析、综合、评价。认知领域的分类是依据人的认知目标，是从识记相对简单的知识到极为抽象的思维这样一个渐进过程来划分的。布卢姆的教育目标分类理论具有可测性的特征，认知

领域六级目标的区分旨在指导教学结果的测量和评价。因为测量和评价必须参照教育目标，有了可以操作的具体目标，测量和评价就有了可靠的标准。这六个层次的分类概括了人类认知的主要品质，使得教学目标在表述上实现了具体化、准确化，避免了过去笼统含糊的弊端，同时避免了教学过程中的随意性和盲目性，达到了深化当时对传统教学进行改革的目的。

（二）逆向设计理论

逆向设计理论于1999年由美国学者威金斯和麦克泰格提出。这是一种教学设计方法，其核心要点在于确保教学活动和评价都围绕学生应达到的学习成果而展开。其具体目标如下：

（1）知识与技能的获得目标（Acquisition of knowledge and skills）。此目标是逆向设计的初级层次，关乎学生对基础知识和技能的掌握。在这一层次，目标是具体且可视的。教师需要精心规划有效的教学策略和活动，以确保学生能够掌握必要的事实、概念、过程和技能，从而为达到更高层次的意义理解和目标迁移奠定坚实基础。

（2）意义目标（Meaning）。意义目标着重强调学生对学习内容的深入理解和内化。在这一层次上，学生通过探索、分析和讨论等活动，建立起对概念、原则和理论的深层次理解。教师应设计活动，帮助学生建立知识之间的联系，理解学科的内在逻辑以及跨学科的关系，从而形成有意义的学习体验。

（3）迁移目标（Transfer）。迁移目标是指学生能够将在课堂上学到的知识和技能应用于新的、不同的情境之中。这一层次的目标聚焦学生能否将所学内容进行广泛迁移，在具体且真实的情境中解决实际问题，灵活运用所学知识。

基于逆向设计理论的三层目标（T–M–A），教师应从预期学习结果出发，以终为始，进行逆向思考。也就是说，教师首先要明确预期的学习成果，然后制定评价证据以衡量这些成果的实现情况，最后规划能够助力学生获得这些成果的教学活动。这种方法有助于确保教学活动与学习目标的高度一致，切实提高教学的有效性，同时有利于实现学生的深度理解。

二、预期结果（目标）设计的依据

（一）课程标准

预期结果（目标）的设计离不开课程标准，课程标准一般包含内容标准和表现标准。其中，内容标准明确划定了学生需要学习的知识领域。其呈现方式主要是由行为动词和核心概念（名词）构成。内容标准的重要性不言而喻，伯斯维克（Borthwick）和诺兰（Nolan）认为，内容标准能为教学计划的设计提供指导，并且是用预期的知识和技能的覆盖面来检查质量的工具。

（二）学情

除此之外，教师还需要根据学段内容标准，同时结合学生学情，设计出适宜的学期预期结果（目标）、单元预期结果（目标）以及课时预期结果（目标）。学生的个体差异、文化背景、认知水平以及先前的学习经验都会影响他们的学习过程和成果。因此，目标设计必须充分考虑这些因素，以确保目标既具有挑战性，又能够被学生切实实现。了解学生的起点有助于设计符合他们发展阶段的目标，从而提供差异化的教学支持。在教学过程中，教师还应该考虑学生达成学习结果后是怎样的状态，可能会出现哪些行为，不同层级的学生又会有怎样的不同表现，从而对学情实现精准把控。

（三）教材

教材作为主要的教学素材，是教学的内容基础。因此，教师在设定预期结果（目标）时，需要通读教材内容，充分了解单元教学内容。教师可以对单元教学文本从不同角度进行解读与分析，掌握语篇类型、体裁、语篇内容等要素，最终结合单元各个课时的教学内容，提炼出语篇主题意义与单元大观念，并在此基础上设定预期结果（目标）。预期结果（目标）设计需要基于教学内容，而教学内容的实现则需要预期结果（目标）的引领。

三、预期结果（目标）设计的原则

在逆向设计的指导下，单元整体教学设计应体现预期结果（目标）设计的三大原则。

首先是整体性原则。整体性主要体现在两个方面：一是以学生的整体发展为出发点，关注主题意义，整体设计学生在语言能力、思维品质、文化意识及学习能力等方面融合发展的素养目标，以促进学生的全面发展。二是要着眼于单元目标。单元目标确定后，从整体出发，再加以分解，具体细化成课时目标，并逐一落实到课时教学中。教师要始终站在单元整体的角度思考课时的站位，确保每个课时预期结果（目标）的设定都能为达成单元预期结果（目标）服务。

其次是层次性原则。逆向设计的目标设计遵循三个层次：知识与技能的获得目标、理解目标和迁移目标。在设计单元目标和课时目标时，我们都要遵循这一层次性，同时，结合布卢姆的教育目标分类，即记忆、理解、应用、分析、综合、评价等维度来设计目标，尤其是在目标动词的选择上要充分体现层次性。比如，知识与技能的获得目标常用"know, recite, paraphrase, state, define, identify, calculate, memorize"等动词进行描述，理解目标常用"question, defend, connect, explain, interpret, justify, prove"等动词进行描述，迁移目标常用"apply, teach, solve, create, design, adapt"等动词进行描述。这既体现了目标的层次性，也与设计教学活动时所遵循的英语活动观理念即"学习理解、应用实践和迁移创新"相一致。这也确保了教学活动能够促进学生从基础知识与技能的掌握到更深层次的理解和应用，最终实现迁移创新，使学生具备解决现实生活中问题的关键能力。

最后是实践性原则。预期学习结果（目标）的设计要做到明确、具体、可操作和易检测，采用一些符合学生认知水平且易于理解的表述来呈现。预期学习结果（目标）应具体到能够指导教学活动和学习体验的设计，这就意味着预期学习结果（目标）应该详细描述学生需要完成的具体任务或行为，以便学生能够明确知道如何达到预期的学习结果。例如，一个具体的目标可以是"使用定语从句来描述动物的习性"。教学目标的可检测性指的是目标应该能够通过某种形式的评估来衡量学生的学习进度和成就。这意味着教师需要设计可以观察和评估的目标，以便准确了解学生是否达到了预期的学习成果。

四、预期结果（目标）设计的方法

逆向设计第一阶段"研究预期结果"将教学目标分成了三个层次：知识与技能的获得目标、理解目标和迁移目标。参照此框架，教师最重要的就是设计出由远及近、层次鲜明、思路清晰的三层学习目标。

教学目标的表述必须清晰且具体。首先，需要明确行为主体，即学生，在实际表述中，为了方便通常可以省略。其次，需要明确行为动词，在动词的选择上，我们要注意其可操作性和可检测性，在教学中需要通过相关教学活动实现并量化。再次，要明确行为对象，即需要结合学习内容进行阐述。最后，明确行为方式、行为高度及行为条件。在实际教学中，为了使教学目标结构更加简明，我们常常将行为组织的方式或行为高度、条件、工具等也省略掉。正如杨晓钰教授所指出的："多少学生（主体）能够运用本课所学词汇和语言结构、语篇知识，通过什么方式或运用何种策略（条件），完成什么传情和做什么（产出），能够达到何种水平，形成什么素养（标准）。"

根据布卢姆教育目标分类，在认知维度上，教育目标被分为记忆、理解、应用、分析、综合、评价。在动词选择上，图3-2-1展示了不同层级可参选的动词。记忆指对先前学习的材料的记忆，包括对具体事实、方法、过程、理论等的回忆，其所要求的心理过程主要是记忆，这是最低水平的认知学习结果。图3-2-1中附有相关可参考的动词。理解指能把握材料的意义，可以借助三种形式来表明对材料的领会：一是转换，即用自己的话或用与原来的表达方式不同的方式表达自己的思想；二是解释，即对一项信息加以说明或概述；三是推断，即估计将来的趋势（预期的结果）。应用指能将习得的材料应用于新的具体情境，包括概念、规则、方法、规律和理论的应用。应用代表较高水平的理解，记忆、理解和应用属于低阶思维能力。

布卢姆教育目标分类		Cognitive domain认知分类
	Cognitive domain levels	Sample verbs
低阶思维	Remembering: can the students recall or remember the information?	define, list, memorize, recall, repeat, reproduce, state
	Understanding: can the students explain ideas or concepts?	classify, describe, discuss, explain, identify, locate, recognize, report, select, translate, paraphrase
	Applying: can the students use the information in a new way?	choose, demonstrate, dramatize, employ, illustrate, interpret, operate, schedule, sketch, solve, use, write
高阶思维	Analyzing: can the students interpret information?	appraise, compare, contrast, criticize, differentiate, discriminate, distinguish, examine, question, test
	Evaluating: can the students justify a stand or decision?	appraise, argue, defend, support, value, evaluate
	Creating: can the students create a new product or point of view?	assemble, construct, create, develop, formulate, write

图3-2-1　布卢姆教育目标分类

　　分析指能将整体材料分解成它的构成成分，并理解组织结构，包括部分的鉴别、分析部分之间的关系和认识其中的组织原理。综合指能将部分组成新的整体，包括发表一篇内容独特的演说或文章，拟定一项操作计划或概括出一套抽象关系，它强调学生的创造能力。评价指对材料做价值判断的能力。分析、评价和综合都属于学生的高阶思维能力。根据布卢姆目标分类法，目标动词选择所呈现的层级性均体现在参考动词中。

结合逆向设计理论，在A—U—T目标的设计上，对于动词的选择，要确保目标具体、可衡量、可达成，还可以根据表3-2-1中的分类进行选择。

表3-2-1　目标动词选择参考表

目标	动词
A	know, recite, paraphrase, state, define, identify, calculate, memorize
U	question, defend, connect, explain, interpret, justify, prove
T	apply, teach, solve, create, design, adapt

表3-2-1中的动词是依据学生认知发展规律，从知识习得、理解及迁移三个层次所呈现的。由于篇幅限制，该表格无法囊括所有适宜的动词。在实际教学中，教师在目标动词的选择上，可根据学生的认知发展规律，结合教材内容，采用符合相关维度特征的其他动词。倘若教师对所选择的动词有所疑虑，可以再次根据布卢姆目标分类认知维度的六个层次进行理解和对标，判断所选动词属于学生的低阶思维能力还是高阶思维能力。

（一）单元预期结果（目标）设计方法

在单元预期结果（目标）的设计上，教师首先要熟知课程标准，在此基础上，系统规划在这个学期、年度对于这门课程期望学生能够达成的重要结果，并在目标中表达这种期望。在单元整体教学中，教师需要根据学生已有知识和技能，合理设计教学目标，以确保对学生的期望是合理的。同时，设置的评价任务应当与目标紧密相连，能够有效检查目标是否达成。

1. 单元预期结果（目标）设计之知识与技能的获得目标

知识与技能的获得目标强调的是知识与技能，涵盖词汇、短语表达等知识性内容以及听说读写等语言技能。也就是说，学生在学习完本单元内容后，能够了解某主题下的词汇、短语或表达，并且掌握相应的语法知识等。知识与技能的获得目标的确立，需要教师更加深入教材，全面了解单元学习内容，提炼单元学习要点。

2. 理解目标

理解目标强调的是对概念的理解。在单元理解目标的设计中，教师可以借助基本问题来帮助学生加深对所学内容的理解。一个单元可以设计1~3个基本问题，通过不同的细化任务，助力学生回答这些基本问题。学生通过对基本问题的回答，逐步了解单元大观念，从而形成学习的闭环。

3. 迁移目标

迁移目标是指学生学习单元内容后，对情感态度价值观有着深远影响的目标。因此，在设置迁移目标时，教师要通过对教材文本的解读，整体分析语篇类型、文体特征、内容结构和语言特点以及语篇传递的主题意义，多角度分析语篇之间的关联，厘清教材逻辑，实现对单元主题意义准确、透彻的理解和把握，提炼单元大观念。迁移目标需要体现对大观念的理解，需要从一些实际影响的角度思考。教师可适当追问自己：这个单元的学习在实际生活中会对学生产生哪些潜移默化的影响？学生学完本单元后，在思想上会有何种转变？需要注意的是，教师在设置迁移目标时需要知道，迁移目标的实现是长期的、潜移默化的，并非短时间就能完成的。但是在教学活动的设计中，教师需要结合育人价值，对单元主题语境及单元大观念进行深入剖析。

（二）课时预期结果（目标）设计方法

在单课时教学中，预期结果（目标）设计同样遵循A–U–T模式。不过，在设计课时预期结果（目标）时，教师应该厘清课时预期结果（目标）与单元预期结果（目标）之间的所属关系，并且要结合单课时具体课型及具体内容，使之更加具体、可操作、可测。

1. 课时预期结果（目标）设计之知识与技能的获得目标

在课时预期结果（目标）设计上，知识与技能的获得目标更加具体和细化，常常体现在某一课时的具体新词上，或者是通过某一堂课培养学生某一项特定技能。例如，一节关于教会学生增添细节的写作课，知识与技能的获得目标中可以凸显教学的技能主线，即教会学生某几项微技能。在进行课时预期结果（目标）设计时，教师需要根据当堂课时的内容，对教学材料进行仔细钻研和打磨，从材料中提炼出课时中最重要的词汇与微技能进行目标撰写，而非将所有词汇囊括其中。

2. 课时预期结果（目标）设计之理解目标

在单课时教学中，理解目标更加细化到课时内容中。例如，在一堂阅读课中，教师需要研读文本，提炼并抓取文本传达的核心概念，用凝练的语句进行描述，以便于在教学中渗透。课时理解目标的实现，可以围绕单元理解目标设计中的基本问题，形成问题链，对学生进行追问，从而帮助学生加深对所学内容的理解。在单课时教学中，学生对于课时小观念的理解需要逐步积累，这相当于单元大观念的子观念。

3. 课时预期结果（目标）设计之迁移目标

单元迁移目标的实现需要基于课时迁移目标的积累。一个单元并非所有课时都会涉及迁移目标，然而在某些具有显著性迁移特征的课时中，教师需要敏锐地捕捉到课时迁移目标。在设置迁移目标时，教师需要注意这是对学生高阶思维能力的培养。因此，在课时活动设计中，教师需要对教学内容进行升华，着力培养学生的迁移创新能力，注重课时内容对学生思想和行为持久深远的影响。

五、预期结果（目标）设计的模板及示例

根据目标设计的原则、依据以及目标动词的分类与选择，我们可以将预期结果（目标）设计部分模板框定如下（表3-2-2、表3-2-3）：

表3-2-2　单元预期结果（目标）模板表

单元预期结果（目标）模板			
单元学习话题		单元学习主题	
预期 结果 （目标）	A（know, recite, paraphrase, state, define, identify, calculate, memorize） A1... A2...		
	U（question, defend, connect, explain, interpret, justify, prove） U1... U2...		
	T（apply, teach, solve, create, design, adapt） T1... T2... ...		

表3-2-3　课时预期结果（目标）模板表

课时预期结果（目标）模板			
课时学习话题		课时学习主题	
预期 结果 （目标）	A（know, recite, paraphrase, state, define, identify, calculate, memorize） A1: A2:		
	U（question, defend, connect, explain, interpret, justify, prove） U1: U2:		
	T（apply, teach, solve, create, design, adapt） T1: T2:		

可以看出，在单元教学开始之前，教师可以在表格中直接撰写单元A-U-T目标。括号中包含了部分可选择的动词。当然，在实际撰写目标时，教师需要根据单元学习内容筛选目标动词。

根据逆向教学设计模板，我们可以将新外研版必修第一册第5单元的单元整体教学目标设计如下（表3-2-4）：

表3-2-4 单元预期结果（目标）模板示例表

单元预期结果（目标）模板			
单元学习话题	B1U5 Into the wild	单元学习主题	Protect wild animals
预期 结果 （目标）	A: A1: Know vocabulary and expressions related to animals and nature. A2: Know the usage and application of attributive clause. A3: Learn expressions of agreements and disagreements. A4: Memorize useful expressions of writing a description of animals, including appearance, habitats, migration, diet and other information		
	U: U1: Understand that human activities have an impact on animals. U2: Interpret that animals play an important role in human's life. U3: Sustain a harmonious relationship between human and animals is of vital importance		
	T: T1: Solve problems in life logically through cause-effect links and mind maps. T2: Apply the value of appreciating the beauty of natural world. T3: Establish a value of developing harmonious human-animal relationship，enhance the responsibility as a citizen to protect the environment		

上述单元教学目标设计模板遵循的是逆向设计的教学模式，根据A-U-T目标设定的方法进行设定。在表（表3-2-4）中，T目标下有三个小目标。在单课时目标设定时，A-U-T目标下各设计一个目标即可，A、U、T的顺序不固定，可根据每个单元的实际情况而定。有的课时可能涉及一个目标，有的课时可能涉及两个或三个目标。新外研版高中英语必修第一册第五单元的主题语境是人与自然。经过深入探究，我们把本单元的主题意义提炼为保护动物、热爱自然，并将主题意义的探究分为三个层次：进入自然、了解自然、热爱自然。单元目标的实现需要细化到课时目标。根据课标、教材及学情分析，我们将Understanding ideas部分的课时目标设定如下（表3-2-5）：

表3-2-5　课时预期结果（目标）模板示例表

课时预期结果（目标）模板			
课时学习话题	Monarch butterfly	课时学习主题	Wild animals
预期 结果 （目标）	A（know, recite, paraphrase, state, define, identify, calculate, memorize） A: Acquire vocabulary and expressions related to animals and nature		
	U（question, defend, connect, explain, interpret, justify, prove） U: Know that human activity exerts an impact on animals		
	T（apply, teach, solve, create, design, adapt） T: Solve problems in life logically through cause-effect links and mind maps		

在以上阐述中，A、U、T分别指向本课时的教学预期结果（目标）。教师在探究本课时主题意义的同时，注重培养学生的因果逻辑思维。通过阅读黑脉金斑蝶相关语篇，学生能够了解人类活动对动物的影响。同时，在阅读过程中，学生可以学习与动物及自然相关的词汇表达。各个子目标的设定与语篇内容、主题语境、单元大观念紧密关联。

在课时预期结果（目标）的设定中，需要了解到，本课时为本单元的第二课时，本课文本呈现了单元主题，语篇类型为科普类说明文，以科学家的观察和研究为依据介绍了黑脉金斑蝶的迁徙。读前的导入活动列举了有迁徙行为的动物，请学生谈论对动物迁徙行为的认识。在这个部分，学生了解及激活了头脑中与动物相关的词汇，这一部分的读前活动助力了本课时知识与技能目标的实现。读中活动考查学生对课文话题的理解。在阅读过程中，学生学习黑脉金斑蝶迁徙的相关知识，了解人类活动对动物生活的影响，这属于对概念及意义的理解，可以归为课时预期结果（目标）中的理解目标。同时，在阅读中，学生通过学习与话题相关的生词，积累了词汇及短语，这可纳入知识与技能目标。读后活动则是通过文章出处和主旨大意、细节理解和开放性问答等活动，启发学生深入思考，运用所学知识创造性地探究主题意义。在这个过程中，教师引导学生进一步关注课文的结构和主要信息，梳理课文中的因果逻辑关系。这对学生思维品质的锻炼以及学生后续在生活中解决复杂问题、梳理更多层次信息有着潜移默化的迁移作用。教师通过读后活动中的追问——What impresses you most about the monarch butterfly? What can people do to help protect the monarch butterfly? 引起学生的反思，使学生再次认识到人类活动对动物生活的影响，也能回应单元目标中的T3。

因此，我们可以发现，通过对课时文本的梳理，结合课时教学活动，我们能够提炼出课时教学预期结果（目标）。这些目标均体现在教师对教学内容的把握和思考之中，每一个教学活动均指向了课时的教学目标。而课时教学预期结果（目标）的实现，显然有助于单元预期结果（目标）的达成。同时，在迁移目标方面，单元迁移目标的实现更加体现在课时预期结果（目标）的达成上。迁移目标并非通过某一个课时就能够达成，而是需要在多个课时学习中，潜移默化地对学生思维品质、思想观念及生活习惯等产生影响。

六、预期结果（目标）设计的注意事项

对于目标设计，需要注意整合性目标的生成应追求少而精，切忌多而全。教师在教学目标设计时要有所取舍，对于那些并非指向大观念理解和学科核心素养培育的目标要大胆舍弃。整合性目标的撰写要遵循教学目标的撰写规范。

（一）预期结果（目标）撰写的常见错误

在预期结果（目标）撰写中，教师常出现的错误有目标主体错位、行为表述不明、目标条件表达不清晰等。

第一，目标主体错位的案例：The students can learn some key words and useful expressions. 教师应该时刻铭记，行为主体是学生，在实际教学中，教师应该站在学生的立场进行表述。建议上述句子改为：By the end of this class, we/I will be able to...

第二，行为表述不明的案例：Develop the students' abilities of listening,

speaking, reading and writing. 这一表述显然大而空, 不够明确具体, 导致目标无法实现。目标是用来指导和评价教学的, 所以行为的表述必须具体可操作且易于评价。因此, 建议表述结合课时内容, 抓住重点, 体现目标的可操作性。

第三, 目标条件表达不清晰的案例: Solve problems in life logically. 这个表述显然对目标条件表达不够清晰, 需要结合具体的课时教学内容, 给出行为可实现的具体条件: Solve problems in life logically through cause-effect links and mind maps. 这样既表述清楚了行为发生的具体条件, 也紧扣了教学内容, 回应了教学实际。

（二）目标动词的选择与使用

前面已经给出布卢姆目标分类（图3-2-1）以及在A-U-T目标下建议选择的动词表（表3-2-1）。图3-2-1和表3-2-1都给出了不同维度可选择的目标动词。需要注意的是, 这些动词所体现的思维能力具有层次性。所以, 教师在撰写目标时, 可以根据具体情况进行增补, 但是需要认真比对, 将动词划入合适的分类, 不能将高阶思维目标动词与低阶思维目标动词混淆。

（三）目标的层次性

教学内容从三个维度出发, 可对应划分为三个层级的教学目标, 即知识与技能的获得目标—理解目标—迁移目标。根据此框架进行的单元教学设计, 可以由近到远, 层次鲜明, 使教学思路更加清晰。因此, 在设定课时教学目标时, 教师应该把握好这三者之间的内涵及层级关系, 结合教学内容, 提炼出相应的目标。在设置单元教学目标时, 教师也需要把握同一目标类目下的层级性。例如, 在Book1 Unit5单元目标中, 我们设置了3个迁移目标, 仔细观察即可发现, 迁移目标1~3其实是有层次的。T1强调的是通过某一项技能解决实际生活中的问题; T2范围更广一些, 强调的是学生欣赏自然世界之美的价值观; T3则更加深远, 侧重于人与动物的和谐共生, 强调的是保护环境的责任意识。可以发现, 这三者之间是由小到大, 从关注自身到关注自身与周围环境的关系。

T1: Solve problems in life logically through cause-effect links and mind maps.

T2: Apply the value of appreciating the beauty of natural world.

T3: Establish a value of developing harmonious human-animal relationship, enhance the responsibility as a citizen to protect the environment.

（四）素养目标的融合发展

目标的设计受传统知识本位观的影响，仍然存在重语言能力目标，轻思维品质、文化意识及学习能力等素养目标的情况，这导致学生语言与思维脱节、创新能力不足、文化意识缺失、学习能力欠缺等问题的出现。因此，在设计目标时，我们不能仅停留在关注知识与技能目标上，而应该注重语言能力、思维品质、学习能力、文化意识等素养目标的融合发展，突出学科的育人价值，从而实现立德树人这一根本目标。

第三节　如何设计单元与课时评估证据

逆向设计在评估证据设计这一阶段与传统设计相比更显不同。其理念不是在目标设计好后直接考虑教学活动，而是在设计活动之前，先思考针对阶段1的预期结果（学习目标），相应的评估是什么；同时强调为预期结果提供合适证据的各种评估，包括除结果性评估以外的表现性评价（学习过程的评估）。

本节将重点讨论如何在逆向设计理论的指导下确定评估证据，主要分为以下五个部分：评估证据确定的依据、评估证据确定的原则、评估证据确定的方法、评估证据确定的流程、评估证据设计的模板及示例。

一、评估证据确定的依据

（一）课程标准

《课标》基本理念中明确提出：发展英语学科核心素养，落实立德树人根本任务；完善英语课程评价体系，促进核心素养有效形成。[1]由此可以得出学科核心素养在新课标中的重要地位，而评价是促进学科核心素养落地的重要途径。依托《课标》建构教学评估证据是本研究评估证据确定的主要依据。

---

[1] 中华人民共和国教育部.普通高中英语课程标准（2017年版2020年修订）［M］.北京：人民教育出版社，2020.

1. 以学生为主体，突出其教学评价的主体作用

学生作为教学活动的主体，他们的学习体验、学习成果以及对教学的反馈是评价教学质量的重要依据。在教学过程中，教师应重视学生参与评价，尊重并发挥学生的主观能动性，以提高其学习兴趣，改善其学习效果，促进教学质量的不断提升。

2. 以学科核心素养为导向，注重评价方式的多样性

以学科核心素养为导向的教育模式，着重培养学生在该学科学习中应掌握的关键能力、必备品格和价值观念，而不仅仅是单一知识点的掌握。这意味着评价方式也需要相应地进行调整，如此才能准确且全面地评估学生学科核心素养的发展情况。

3. 以提升学科育人价值为目标，强调评价设计的有效性

有效的教学评价设计不仅能够反馈学生的学习情况，还能帮助教师调整教学策略，提升学科的育人效果，从而更好地实现学科育人价值。

（二）教学目标

逆向设计与传统设计最为不同的地方在于逆向设计中的评估设计在教学活动前，直接对标教学目标，强调以达成教学目标为核心的评估证据。在设计评估证据时，设计者需要明确两个重要概念：评估标准和评估证据。

评估标准是指需要有证据表明学生能达到什么样的水平。根据学生学年段发展评估要求，本书中逆向设计理念下高中英语课堂评估标准的遴选来源主要包括两个方面：①《课标》；②中国英语能力等级量表。

在确定了学生能达到什么样的水平后，我们需要进一步思考应该有怎样的证据表明他们能否达到上述水平，这就是评估证据。逆向设计指出，有效的评估是不是仅在教学结束时一考了之，而是在教学过程中使用各种方法和形式收集评估证据。基于此，为了更好地收集关于学生理解的证据，逆向设计理论提出图3-3-1所示的评估连续统（源自《追求理解的教学设计》一书），包含对理解的非正式检查（口头提问、观察、对话等，又被称为伴随性评估）、传统随堂测验与考试、开放式问答题、真实或拟真情境的表现性任务。

图3-3-1　评估连续统

1. 对理解的非正式检查

对理解的非正式检查包含观察与对话，主要活动包括教师提问、观察、检查作业以及有声思维等。对理解的非正式检查通常无须打分或评定等级，属于教学过程的一部分，又被称作伴随性评估。这些评估能够为教师和学生提供教学反馈。

2. 传统随堂测验与考试

传统随堂测验与考试有成熟的评价格式，主要是对事实性信息、概念和零散技能的评估，具体包括简单的、聚焦内容的题目，如有选项的多选题、判断题和连线题或者简答题等，通常有唯一正确答案。

3. 开放式问答题

这里所说的问答题与"随堂测验与考试"中的简答题不同，通常是要求学生进行批判性思考的开放式问答题，而不只是回忆知识或准备一个特定的答案、作品或表现。它们在学校和考试环境下运用，针对在校学生，要求其对特定的问题给予建构性反馈。问答题涉及学生的分析、综合、评价等思考策略，要求学生在回答此类问题时对所给出的答案和使用的方法给出解释或辩护，需要根据指标和绩效标准进行人为判断给分。

4. 真实或拟真情境的表现性任务

这里所说的表现性任务与以上三类评估证据最本质的区别在于它涉及的

是真实或拟真的情境，通过复杂的挑战反映成人面临的问题和困难。真实或拟真情境的表现性任务通过短期任务到长期任务或多级项目，最终让学生生成一个或多个实体产品和具体表现。在这一过程中，学生扮演一个身份确定的角色（真实的或模拟的），基于与服务对象相关的具体目的，有更多的机会将此任务个性化。

二、评估证据确定的原则

逆向设计尤其重视教学评估的育人价值体现。评估不仅体现学生学业质量发展，更是引导教师更加关注学生核心素养的培育。因此，在设计和实施课堂评估时，教师需要遵循一系列有助于其收集准确、可靠、有意义的评估证据的原则，以确保评估的有效性和可靠性。本研究评估证据的确定遵循以下三大原则。

（一）因材施教原则

目标的确立和评估证据的制定一定是基于所授课班级学生的实际学情，在设计中依据学情体现不同的难度层次。首先，知识与技能的获得目标、理解目标和迁移目标本身就是三个不同维度，难度逐步上升。其次，在设计每个维度目标时又有难度梯度的设计，且评估证据要基于评估连续统设计多种维度，让不同层次的学生有收获、有挑战。

（二）多元化原则

教学评估的作用在于反馈教学和优化教学。因此，为了真实掌握学生的学习情况，并使学生对于自身学习能力有正确的认识，教师在设计评估证据时应多维度考虑。评估证据不应是单个事件，如常见的随堂测验或考试，而应是形式多样的证据集，既评定学生的基本知识与技能，又评定学生的理解和迁移运用。同时，根据学生学情发展，教师应采用多样的评价方式，如自我评价、同伴评价、教师评价。课堂上表现性评价可采用演讲、汇报、讨论等活动方式。[①]

（三）可靠性原则

评估证据应可靠。可靠性原则要求我们在设计和实施评估时，采用标准化的程序和方法，避免主观臆断和偏见。因此，基于所研究的学生学情和英语学科特点，本研究所选用的评估标准是《课标》和中国英语能力等级量表中的学业质量能力要求。

三、评估证据确定的方法

（一）单元评估证据确定的方法

逆向设计强调评估证据的确定在教学活动之前进行，一是为了更好地检测所制定的教学目标是否合理，二是能够指导教学活动的精准实施。因此，我们在确定单元评估证据时，应首先基于已制定好的单元目标，即知识与技能的获得目标、理解目标、迁移目标，明确评估的具体目标。基于评估目标，对应《课标》和中国英语能力等级量表中的学业质量能力要求，恰当选择并合理制定客观、具体、可检测的评估标准，再结合评估连续统，选择对理解的非正式检查、开放式问答题、表现性任务等设计评估任务。评估任务应能够反映学生的学习成果。单元评估证据确定的方法如图3-3-2所示。

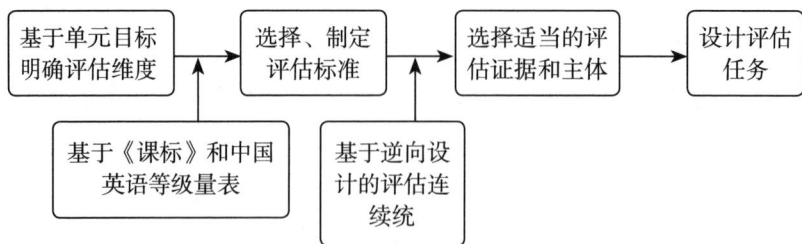

图3-3-2 单元评估证据确定方法图

---

① 戴世芳. 促进单元教学目标达成的评价任务设计：以译林版《英语》八上Unit 8 Natural Disasters为例［J］. 江苏教育，2021（37）：20-24.

在单元教学过程中，我们应始终按照评估工具和标准进行评估，收集相关证据，并对收集的证据进行分析，得出评估结论，及时调整教学策略。同时，我们应将评估结果反馈给学生，以便他们了解自身的学习状况，及时调整学习策略。

总之，单元评估证据的确定需要综合考虑评估目标、评估工具、评估任务、评估标准、评估实施、结果分析和反馈等，以确保评估的客观性、准确性和有效性。

（二）课时评估证据确定的方法

基于单元评估的课时评估证据的确定应重点关注教学内容、教学方法、学生反馈和课堂氛围等具体要素。因此，我们应基于具体的课时目标（课时目标应符合学生实际学情）选择适当的评估工具和评估方式，设计课时评估任务。课时评估证据确定的方法如图3-3-3所示。

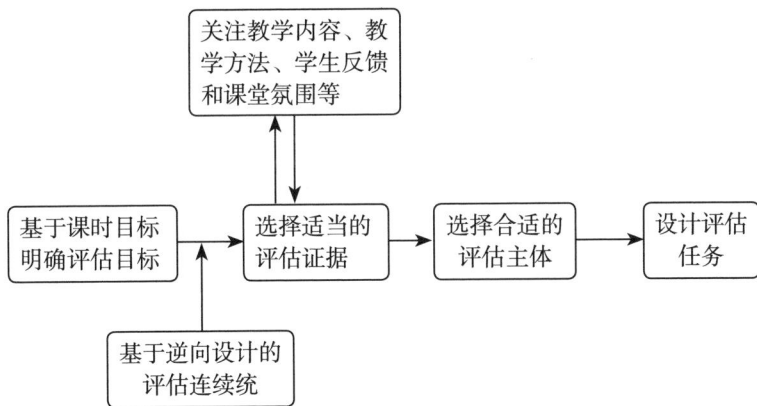

图3-3-3 课时评估证据确定方法图

课时评估证据的确定要与课时目标相对应。我们应基于课时目标，结合逆向设计的评估连续统，确定恰当的评估证据和评估方式。同时，我们应注意评估主体的多元化。

四、评估证据确定的流程

逆向设计理念指出，评估阶段最关键的设计问题是"预期结果的证据是什么？"在逆向设计过程中，教师需要考虑的主要问题是我如何知道学生是否达成预期的教学目标？例如，如果预期结果（设定的教学目标）是让学生"理解……"，那么教师需要学生有证据表明他们能"解释""阐明""洞察""分析"等。此时，教师可以把"能开发……""能罗列……""能反思……"等表现作为"理解……"的证据。这样就能进一步将教学目标指向明确的结果，以此确保学生达成预期的目标。单元评估证据确定过程例表见表3-3-1。

表3-3-1 单元评估证据确定过程例表

阶段1：预期教育目标	阶段2：达成目标的评价证据	
如果预期结果是让学生……	那么需要学生有证据表明他们能……	所以需要这样的评估……
理解……（理解目标）	解释…… 阐明…… 洞察…… 分析……	开放式问答题： 能回答…… 对理解的非正式检查： 能罗列…… 能反思……

若预期教育目标为迁移目标，则评估证据多为表现性任务；若预期教育目标为理解目标，则评估证据多为开放式问答题；若预期教育目标为知识与技能目标，则评估证据多为对理解的非正式检查、随堂测验与考试等。

五、评估证据设计的模板及示例

（一）评估证据设计的模板

综合以上阐释，本研究设计出单元评估证据设计模板（表3-3-2）和课时评估证据设计模板（表3-3-3）。

表3-3-2 单元评估证据设计模板

维度		标准	证据	主体
学习过程评估	问题意识	善于思考话题相关问题，敢于提出问题	课堂口头提问□ 课堂观察□ 课堂随机对话□ 听力练习相关试题□ 阅读理解相关试题□ 围绕话题的对话□ 写作相关试题□ 语法练习试题□ Speaking评价量表□ Writing评价量表□ 课堂对标目标的自评量表□ 开放式问答题： _____ 真实或拟真情境的表现性任务□ 其他：_____	师评（　） 生自评（　） 生生互评（　） 师生互评（　） 其他：_____
	自主探究	能自主利用网络资源、图书馆等实体资源查找所需信息，完成规定任务		
	合作分享	1.能明确任务分工并与同学互帮互助； 2.能恰当表达自己的观点，并能认真倾听他人想法，接受不同观点		
学习结果评估	知识与技能	知识	1.能理解并使用新学词汇及各种结构的语句等； 2.能识别语篇类型与结构； 3.能识别语句语法结构及篇章修辞手法； 4.能基于语篇核心词、连接词、代词等，理解句子及段落间的内在联系	
		技能	听力理解技能： 1.能基于已知信息，预测相关内容； 2.能理解主题，区分主要和次要信息，抓住并记录关键信息； 3.能在听中修正先前理解； 4.能借助语音、语调判断说话者的观点或意图。 口语表达技能： 1.能准确发音，语调自然，恰当停顿； 2.能运用恰当的表达方式自然地开始、参与或结束对话；	

维度			标准	证据	主体
学习结果评估	知识与技能	技能	3.能使用丰富的词汇、正确语法结构的语句表达语义； 4.能意识到发音或语言错误并及时纠正； 5.能有条理地表达个人观点。 阅读理解技能： 1.能基于已知信息，预测篇章主要内容； 2.能基于语篇类型和特点，理解篇章的主要内容和写作意图； 3.能通过扫读获取篇章大意； 4.能通过寻读获取篇章具体细节信息； 5.能借助笔记、图表、思维导图等收集整理篇章信息； 6.能根据阅读要求调整阅读速度和方法； 7.能有条理地表达个人观点。 书面表达技能： 1.能基于写作目的和读者对象确定文体； 2.能基于写作要求罗列要点并组织结构； 3.能使用恰当的语言形式、语言风格，有逻辑地组织信息； 4.能完整涵盖要点，清楚表达意义； 5.能检查、调整、修改语言、语篇内容和文章结构等		
	理解	归纳与分析	1.能归纳主旨大意，提炼主题思想，理解文化内涵； 2.能分析语篇语言和内容及内容要点间的语义逻辑关系；		

续　表

	维度	标准	证据	主体
学习结果评估	理解　归纳与分析	3.能分析语句特点，归纳语法基本结构和特征		
	理解　区分与推断	1.能区分事实和观点； 2.能推断作者的情感态度； 3.能意识到语法知识是"形式—意义—使用"的统一体，语法的学习要在真实语境中进行； 4.能区分英语语法和中文语法的异同； 5.能认识英语语法的基本体系及特征		
	迁移	能运用本单元所学解决现实生活中或拟真情境中的实际问题		

填表说明：本表评估标准的制定是基于《课标》和中国英语等级量表对高中学生总体英语能力的要求，具有普适性。教师在使用本模板设计对学生学习结果的评估时，要结合具体教学内容和单元目标（A–U–T），选择并细化模板内的标准，勾选能达成标准的评估证据和评估主体。

表3–3–3　课时评估证据设计模板

	维度	标准	证据	主体
学习过程评估	问题意识	善于思考话题相关问题，敢于提出问题	课堂口头提问□ 课堂观察□ 课堂随机对话□ 听力练习相关试题□ 阅读理解相关试题□ 围绕话题的对话□	师评（　） 生自评（　） 生生互评（　） 师生互评（　） 其他：＿＿＿
	自主探究	能自主利用网络资源、图书馆等实体资源查找所需信息，完成规定任务		

续 表

维度			标准	证据	主体
学习过程评估	合作分享		1.能明确任务分工并与同学互帮互助； 2.能恰当表达自己的观点，并能认真倾听他人想法，接受不同观点	写作相关试题□ 语法练习试题□ Speaking评价量表□ Writing评价量表□ 课堂对标目标的自评量表□ 开放式问答题： ————————— 真实或拟真情境的表现性任务□ 其他：——————	
学习结果评估	知识与技能	知识			
		技能			
	理解	判断与区分			
		分析与评价			
	迁移		能运用本课时所学解决现实生活中或拟真情境中的实际问题		

　　基于课时评估证据设计模板和高中英语课型特征，依托《课标》和中国英语能力量表对我国英语学习者和使用者英语语言能力等级的划分及相应能力表要求，本研究设计出听说、阅读、语法及写作课评估证据设计模板（表3-3-4至表3-3-7）。

表3-3-4 听说课评估证据设计模板

维度			标准	证据	主体
学习过程评估	问题意识		善于思考话题相关问题，敢于提出问题	课堂口头提问□ 课堂观察□ 课堂随机对话□ 听力练习相关试题□ 阅读理解相关试题□ 围绕话题的对话□ 写作相关试题□ 语法练习试题□ Speaking评价量表□ Writing评价量表□ 课堂对标目标的自评量表□	师评□ 生自评□ 生生互评□ 师生互评□ 其他：_____
	自主探究		能自主利用网络资源、图书馆等实体资源查找所需信息，完成规定任务		
	合作分享		1.能明确任务分工并与同学互帮互助； 2.能恰当表达自己的观点，并能认真倾听他人想法，接受不同观点		
学习结果评估	知识与技能	知识	能识别并掌握与话题相关的词汇与表达	开放式问答题： _____ 真实或拟真情境的表现性任务□ 其他：_____	
		技能	听力理解技能： 1.能基于已知信息，预测相关内容； 2.能理解主题，区分主要和次要信息，抓住并记录关键信息； 3.能听中修正先前理解； 4.能借助语音、语调判断说话者的观点或意图。 口语表达技能： 1.能准确发音，语调自然，恰当停顿； 2.能运用恰当的表达方式自然地开始、参与或结束对话； 3.能使用丰富的词汇、正确语法结构的语句表达语义； 4.能意识到发音或语言错误并及时纠正； 5.能有条理地表达个人观点		

续 表

维度		标准	证据	主体
学习结果评估	理解	**判断与区分** 1.能判断对话者的身份及关系； 2.能区分主要和次要信息，理解主要内容		
		分析与评价 1.能理解并评价说话者的观点和意图； 2.能理解、分析、推断、评价所听内容及其言外之意		
	迁移	能运用本课时所学解决现实生活中或拟真情境中的实际问题		

填表说明：本表评估标准的制定基于听力理解能力总表、口头表达能力总表以及《课标》对高中学生总体听说能力的要求，具有普适性。教师在使用本模板设计对学生学习结果的评估时，要结合具体教学内容和课时目标（A–U–T），选择并细化模板内的标准，勾选能达成标准的评估证据和评估主体。

表3-3-5 阅读课评估证据设计模板

维度		标准	证据	主体
学习过程评估	问题意识	善于思考话题相关问题，敢于提出问题	课堂口头提问□ 课堂观察□ 课堂随机对话□ 听力练习相关试题□ 阅读理解相关试题□ 围绕话题的对话□ 写作相关试题□ 语法练习试题□ Speaking评价量表□ Writing评价量表□	师评□ 生自评□ 生生互评□ 师生互评□ 其他：_____
	自主探究	能自主利用网络资源、图书馆等实体资源查找所需信息，完成规定任务		
	合作分享	1.能明确任务分工并与同学互帮互助； 2.能恰当表达自己的观点，并能认真倾听他人想法，接受不同观点		

续　表

维度			标准	证据	主体
学习结果评估	知识与技能	知识	1.能识别语篇主要词汇与表达； 2.能识别语篇类型与结构； 3.能识别语句语法结构及篇章修辞手法； 4.能基于语篇核心词、连接词、代词等，理解句子及段落间的内在联系	课堂对标目标的自评量表□ 开放式问答题： ＿＿＿＿＿＿＿＿ 真实或拟真情境的表现性任务□ 其他：＿＿＿＿＿	
		技能	阅读理解技能： 1.能基于已知信息，预测篇章主要内容； 2.能基于语篇类型和特点，理解篇章的主要内容和写作意图； 3.能通过扫读获取篇章大意； 4.能通过寻读获取篇章具体细节信息； 5.能借助笔记、图表、思维导图等收集整理篇章信息； 6.能根据阅读要求调整阅读速度和方法； 7.能有条理地表达个人观点		
	理解	归纳与分析	1.能归纳主旨大意，提炼主题思想，理解文化内涵； 2.能分析语篇语言和内容及内容要点间的语义逻辑关系		
		区分与推断	1.能区分事实和观点； 2.能推断作者的情感态度		
	迁移		能运用本课时所学解决现实生活中或拟真情境中的实际问题		

填表说明：本表评估标准的制定基于阅读理解能力总表以及《课标》对高中学生总体阅读能力的要求，具有普适性。教师在使用本模板设计对学生学习结果的评估时，要结合具体教学内容和课时目标（A–U–T），选择并细化模板内的标准，勾选能达成标准的评估证据和评估主体。

表3-3-6 语法课评估证据设计模板

维度		标准	证据	主体
学习过程评估	问题意识	善于思考话题相关问题，敢于提出问题	课堂口头提问□ 课堂观察□ 课堂随机对话□ 听力练习相关试题□ 阅读理解相关试题□ 围绕话题的对话□ 写作相关试题□ 语法练习试题□ Speaking评价量表□ Writing评价量表□ 课堂对标目标的自评量表□ 开放式问答题： ———————— 真实或拟真情境的表现性任务□ 其他：—————	师评（　） 生自评（　） 生生互评（　） 师生互评（　） 其他：—————
	自主探究	能自主利用网络资源、图书馆等实体资源查找所需信息，完成规定任务		
	合作分享	1.能明确任务分工并与同学互帮互助； 2.能恰当表达自己的观点，并能认真倾听他人想法，接受不同观点		
学习结果评估	知识与技能	（结合本课时语法具体内容和《课标》描述） 如在语篇中理解和使用过去将来时		
	理解	1.能分析语句特点，归纳语法基本结构和特征； 2.能理解本语法知识的意义； 3.能意识到语法知识是"形式—意义—使用"的统一体，语法的学习要在真实语境中进行； 4.能区分英语语法和中文语法的异同； 5.能认识英语语法的基本体系及特征		
	迁移	能运用本课时所学解决现实生活中或拟真情境中的实际问题		

填表说明：本表评估标准的制定基于《课标》对高中学生总体语法学习的要求，具有普适性。教师在使用本模板设计对学生学习结果的评估时，要结合具体教学内容和课时目标（A–U–T），选择并细化模板内的标准，勾选能达成标准的评估证据和评估主体。

表3-3-7　写作课评估证据设计模板

维度		标准	证据	主体
学习过程评估	问题意识	善于思考话题相关问题，敢于提出问题	课堂口头提问□ 课堂观察□ 课堂随机对话□ 听力练习相关试题□ 阅读理解相关试题□ 围绕话题的对话□ 写作相关试题□ 语法练习试题□ Speaking评价量表□ Writing评价量表□ 课堂对标目标的自评量表□ 开放式问答题： _____ 真实或拟真情境的表现性任务□ 其他：_____	师评（　） 生自评（　） 生生互评（　） 师生互评（　） 其他：_____
	自主探究	能自主利用网络资源、图书馆等实体资源查找所需信息，完成规定任务		
	合作分享	1.能明确任务分工并与同学互帮互助； 2.能恰当表达自己的观点，并能认真倾听他人想法，接受不同观点		
学习结果评估	知识与技能 / 知识	1.能正确拼写，正确使用词语、语法结构，清晰表达意义； 2.能运用丰富的词汇、多样的句型结构表情达意； 3.能正确使用衔接词，确保语篇逻辑通顺，意义连贯		
	知识与技能 / 技能	书面表达技能： 1.能基于写作目的和读者对象确定文体； 2.能基于写作要求罗列要点，组织结构； 3.能使用恰当的语言形式、语言风格，有逻辑地组织信息； 4.能完整涵盖要点，清楚表达意义； 5.能检查、调整、修改语言、语篇内容和文章结构等		

续 表

维度			标准	证据	主体
学习结果评估	理解	分析与归纳	1.能理解主题，并按主题要求选择材料，内容充实，表达切题； 2.能基于文本特征，组织篇章，结构合理，意义连贯		
	迁移		能运用本课时所学解决现实生活中或拟真情境中的实际问题		

填表说明：本表评估标准的制定基于书面表达能力总表以及《课标》对高中学生总体写作能力的要求，具有普适性。教师在使用本模板设计对学生学习结果的评估时，要结合具体教学内容和课时目标（A-U-T），选择并细化模板内的标准，勾选能达成标准的评估证据和评估主体。

附：Speaking评价量表和Writing评价量表（表3-3-8、表3-3-9）。

表3-3-8　Speaking评价量表

Speaking check list		
评价指标	互评☆☆☆	自评☆☆☆
Correctly&Reasonably （表达准确合理）		
Fluently （表达流畅）		
Confidently&Loudly （自信大方）		
Cooperatively （合作互助）		

Perfect：☆☆☆　　Good：☆☆　　OK：☆

表3-3-9 Writing评价量表

Writing check list		
评价指标	互评☆☆☆	自评☆☆☆
Covering all the points （要点全）		
Outstanding topic sentences &Clear key words （关键词、中心句清晰突出）		
Supporting main idea using details （细节支撑）		
Correct and various vocabulary and sentence structure （词语、句型正确且多样）		
Logical transitions （过渡自然有逻辑）		
Neat handwriting （书写干净整洁）		

Perfect：☆☆☆　　Good：☆☆　　OK：☆

（二）评估证据设计的示例

根据逆向教学设计模板，外研版普通高中必修第一册第5单元的整体教学评估证据设计见表3-3-10。

表3-3-10 单元整体教学评估证据设计示例

维度		标准	证据	主体
学习过程评估	问题意识	善于思考话题相关问题，敢于提出问题	课堂口头提问☑ 课堂观察☑ 课堂随机对话☑	师评（√） 生自评（√） 生生互评（√）
	自主探究	能自主利用网络资源、图书馆等实体资源查找所需信息，完成规定任务	听力练习相关试题☑ 阅读理解相关试题☑ 围绕话题的对话☑	师生互评（　） 其他： ＿＿＿＿＿

续　表

维度			标准	证据	主体
学习结果评估	知识与技能	知识	1.能理解并使用新学词汇及与动物相关习语等，如migration, in danger of, die out, natural environment, do good for, live on, hold your horses等； 2.能识别语篇类型与结构，如科普类说明文、电视辩论、人物经历记叙文等	写作相关试题☑ 语法练习试题☑ Speaking评价量表☑ Writing评价量表☑ 课堂对标目标的自评量表☑ 开放式问答题： 1.What can people do to help protect the monarch butterfly? 2.Should we keep wild animals in zoos? 3.What can we do to show our respect for animals? 真实或拟真情境的表现性任务☑ 其他：　无	
		技能	听力理解技能： 1.能基于已知信息，预测相关内容； 2.能听懂、辩论相关话题； 3.能理解主题，区分主要和次要信息，抓住并记录关键信息。 口语表达技能： 1.能准确发音，语调自然，恰当停顿； 2.能运用恰当的表达方式自然地进行辩论； 3.能使用丰富的词汇、正确语法结构的语句表达语义。 阅读理解技能： 1.能读懂科普类说明文、邮件、记叙文等类型的语篇，分析其特点，理解篇章的主要内容和写作意图； 2.能通过略读获取篇章大意，通过精读获取篇章具体细节信息； 3.能借助笔记、图表、思维导图等深化单元主题理解。		

续 表

维度			标准	证据	主体
学习结果评估	知识与技能	技能	书面表达技能： 1.能基于要点和组织结构，使用恰当的语言形式，描述动物外形、生活习性等特征； 2.能完整涵盖要点，清楚表达意义； 3.能检查、调整、修改语言、语篇内容和文章结构等		
	理解	归纳与分析	1.能归纳主旨大意，提炼主题思想，理解文化内涵； 2.能分析语句特点，归纳由关系副词引导的限制性定语从句的用法和表意功能		
		区分与推断	1.能区分事实和观点； 2.能区分中英习语的异同； 3.能总结定语从句的基本体系及特征		
	迁移		能运用本单元所学解决现实生活中或拟真情境中与动物保护等相关的实际问题		

在本单元的评估证据确定过程中，首先基于对单元主题意义的深入探究以及对单元目标的进一步理解和提炼，然后从过程评估和对标目标的结果评估（A–U–T）两大维度出发，选择并制定恰当的评估标准，最后确定单元评估证据和主体。

根据听说课时评估证据设计模板，设计本单元听说课评估证据，见表3–3–11。

表3-3-11 听说课评估设计示例

<table>
<tr><th colspan="7">外研版普通高中必修第一册Unit 5 听说课评估设计（示例）</th></tr>
<tr><th colspan="2">维度</th><th>标准</th><th>证据</th><th>主体</th></tr>
<tr>
<td rowspan="3">学习过程评估</td>
<td>问题意识</td>
<td>善于思考与动物话题相关问题，敢于提出问题</td>
<td rowspan="8">课堂口头提问☑
课堂观察☑
课堂随机对话☑
听力练习相关试题☑
阅读理解相关试题☐
围绕话题的对话☑
写作相关试题☐
语法练习试题☐
Speaking评价量表☑
Writing评价量表☐
课堂对标目标的自评量表☑
开放式问答题：
Should we keep wild animals in zoos?
真实或拟真情境的表现性任务☑
其他： 无</td>
<td rowspan="8">师评（√）
生自评（√）
生生互评（√）
师生互评（　）
其他： 无</td>
</tr>
<tr>
<td>自主探究</td>
<td>能自主利用网络资源、图书馆等实体资源查找所需信息，完成规定任务</td>
</tr>
<tr>
<td>合作分享</td>
<td>1.能明确任务分工并与同学互帮互助；
2.能恰当表达自己的观点，并能认真倾听他人想法，接受不同观点</td>
</tr>
<tr>
<td rowspan="5">学习结果评估</td>
<td rowspan="5">知识与技能</td>
<td rowspan="2">知识</td>
<td>能识别并掌握与动物话题相关词汇与表达，如source, domesticated, found, in danger of, die out, natural environment, do good for, live on, depend on, debate等</td>
</tr>
<tr>
<td rowspan="3">技能</td>
<td>听力理解技能：
1.能基于已知信息，预测相关内容；
2.能理解主题，区分主要和次要信息；
3.能抓住并记录关键信息；
4.能借助语音、语调判断说话者的观点或意图。
口语表达技能：
1.能准确发音，语调自然，恰当停顿；
2.能运用恰当的表达方式展开辩论；
3.能使用丰富的词汇、正确语法结构的语句表达同意或不同意的观点</td>
</tr>
</table>

续 表

外研版普通高中必修第一册Unit 5 听说课评估设计（示例）				
维度		标准	证据	主体
学习结果评估	理解 · 判断与区分	1.能判断对话者的身份及关系； 2.能区分主要和次要信息，理解主要内容		
	理解 · 分析与评价	1.能理解并评价说话者的观点和意图； 2.能理解、分析、推断、评价所听内容及其言外之意		
	迁移	能运用本课时所学解决现实生活中或拟真情境中需进行辩论的实际问题		

根据阅读课时评估证据设计模板，设计本单元阅读课评估证据，见表3-3-12。

表3-3-12 阅读课评估设计示例

外研版普通高中必修第一册Unit 5 阅读课评估设计（示例）				
维度		标准	证据	主体
学习过程评估	问题意识	善于思考话题相关问题，敢于提出问题	课堂口头提问☑ 课堂观察☑ 课堂随机对话☑	师评（√） 生自评（√） 生生互评（√）
	自主探究	能自主利用网络资源、图书馆等实体资源查找所需信息，完成规定任务	听力练习相关试题□ 阅读理解相关试题☑ 围绕话题的对话□ 写作相关试题□ 语法练习试题□	师生互评（ ） 其他： 无
	合作分享	1.能明确任务分工并与同学互帮互助； 2.能恰当表达自己的观点，并能认真倾听他人想法，接受不同观点	Speaking评价量表□ Writing评价量表□ 课堂对标目标的自评量表☑	

续 表

外研版普通高中必修第一册Unit 5 阅读课评估设计（示例）

维度		标准	证据	主体
学习结果评估	知识与技能 · 知识	1.能掌握语篇主要词汇与表达，如monarch butterfly, migration, determine, survive 等； 2.能识别语篇类型为科普类说明文，了解语篇结构	开放式问答题：Why do animals migrate? What can people do to help protect the monarch butterfly? 真实或拟真情境的表现性任务□ 其他：___无___	
	知识与技能 · 技能	阅读理解技能： 1.能基于已知信息，预测篇章主要内容； 2.能基于语篇类型和特点，理解篇章主要内容； 3.能通过扫读获取篇章大意； 4.能通过寻读获取篇章具体细节信息； 5.能借助笔记、图表、思维导图等收集整理篇章信息		
	理解 · 归纳与分析	1.能归纳主旨大意，提炼主题思想，理解文化内涵； 2.能分析语篇语言和内容及内容要点间的语义逻辑关系		
	理解 · 区分与推断	1.能区分事实和观点； 2.能推断作者的情感态度		
	迁移	能运用本课时所学构建因果关系和思维导图，有逻辑地解决现实生活中或拟真情境中与动物或自然保护相关的问题		

　　从学习过程和学习结果两个方面进行评估，基于本课时的A-U-T目标，本课时的知识与技能目标包括读懂与动物相关的科普文，习得与动物及自然相

关的表达。这一目标的评估证据主要是传统的随堂测验，即阅读试题的完成，以及对相关词组、基本现象的口头问答等。本课时理解目标是了解人类活动会对动物行为产生的影响。这一目标是否达成，主要看学生对开放式问答题的思考与回答，即Why do animals migrate? What can people do to help protect the monarch butterfly? 本课时的迁移目标是学生能通过因果关系和思维导图方式有逻辑地解决生活中的问题。这一目标是长期目标。本课初步设定家庭作业是用以上思维方式描述云南野生大象的迁徙及个人的思考。以上评估证据的设定与目标相对应，同时课堂评估主体和评估方式也遵循多样化原则。

根据语法课时评估证据设计模板，设计本单元语法课评估证据，见表3-3-13。

表3-3-13 语法课评估设计示例

外研版普通高中必修第一册Unit 5 语法课评估设计（示例）			
维度		标准	证据	主体
学习过程评估	问题意识	善于思考话题相关问题，敢于提出问题	课堂口头提问☑ 课堂观察☑ 课堂随机对话☑ 听力练习相关试题☐ 阅读理解相关试题☐ 围绕话题的对话☐ 写作相关试题☐ 语法练习试题☑ Speaking评价量表☐ Writing评价量表☐ 课堂对标目标的自评量表☑ 开放式问答题：__无__ 真实或拟真情境的表现性任务☐ 其他：__无__	师评（√） 生自评（√） 生生互评（√） 师生互评（ ） 其他：__无__
	自主探究	能自主利用网络资源、图书馆等实体资源查找所需信息，完成规定任务		
	合作分享	1.能明确任务分工并与同学互帮互助； 2.能恰当表达自己的观点，并能认真倾听他人想法，接受不同观点		
学习结果评估	知识与技能	能在语篇中理解限制性定语从句中关系副词的使用		

续 表

外研版普通高中必修第一册Unit 5 语法课评估设计（示例）				
	维度	标准	证据	主体
学习结果评估	理解	1.能进一步了解定语从句的结构和表意功能； 2.理解关系副词的用法； 3.能意识到语法知识是"形式—意义—使用"的统一体，语法的学习要在真实语境中运用		
	迁移	能运用本课时所学的"限制性定语从句中关系副词的使用"更好地理解各类语篇		

基于本课时的A–U–T目标，本语法课时重点在语篇中理解限制性定语从句中关系副词的使用。本课时所对应的评估证据包括口头提问等对理解的非正式检查、语法练习试题以及对标目标的自评。以上评估证据的设定与目标相对应，能够检测目标的达成效果。

根据写作课时评估证据设计模板，设计本单元写作课评估证据，见表3–3–14。

表3–3–14 写作课评估设计示例

外研版普通高中必修第一册Unit 5 写作课评估设计（示例）				
	维度	标准	证据	主体
学习过程评估	问题意识	善于思考话题相关问题，敢于提出问题	课堂口头提问☑ 课堂观察☑ 课堂随机对话☑ 听力练习相关试题☐ 阅读理解相关试题☑ 围绕话题的对话☐ 写作相关试题☑ 语法练习试题☐ Speaking评价量表☐	师评（√） 生自评（√） 生生互评（√） 师生互评（ ） 其他：_____
	自主探究	能自主利用网络资源、图书馆等实体资源查找所需信息，完成规定任务		
	合作分享	1.能明确任务分工并与同学互帮互助； 2.能恰当表达自己的观点，并能认真倾听他人想法，接受不同观点		

续 表

外研版普通高中必修第一册Unit 5 写作课评估设计（示例）				
维度		标准	证据	主体
学习结果评估	知识与技能	知识	1.能正确拼写，正确使用描述动物外形、习性、寓意等词语，清晰表达意义； 2.能运用丰富的词汇，多样的句型如"Its unique feature is…, Its food includes…"等表情达意； 3.能正确使用衔接词，确保语篇逻辑通顺，意义连贯	Writing评价量表☑ 课堂对标目标的自评量表☑ 开放式问答题：__无__ 真实或拟真情境的表现性任务☑ 其他：__无__	
		技能	书面表达技能： 1.能仿照丹顶鹤文本内容，罗列动物描述的要点，组织结构； 2.能完整涵盖要点，清楚表达意义； 3.能使用恰当的语言形式、语言风格，有逻辑地组织信息； 4.能检查、调整、修改语言、语篇内容和文章结构等		
	理解	分析与归纳	1.能理解本课主题为"描述动物"，并按主题要求选择材料，内容充实，表达切题； 2.能基于文本特征，组织篇章，结构合理，意义连贯		
	迁移		能运用本课时所学解决现实生活中或拟真情境中的问题，并形成更强的关爱动物的意识		

基于A–U–T目标，本课时重点在于引导学生完成阅读任务，了解如何介绍一种动物，学习动物介绍类文章的写作特点，并用所学自主介绍一种动物。本课时所对应的评估证据包括口头提问等对理解的非正式检查、阅读理解相关试题、Writing评价量表以及对标目标的自评。以上评估证据的设定与目标相对应，以达到检测效果。

六、评估证据设计的注意事项

在进行逆向设计的评估证据确定过程中，为了保证评估有效、可靠、多元、可操作等，尤其要关注以下要点：

第一，有效的教学评估设计应包括对学习过程的评估和对学习结果的评估，因此评估的维度要多元。

第二，对学习结果的评估应对应教学目标A–U–T，结合具体单元内容进行设计。

第三，单元评估标准的选择与制定要对应评估目标，依据学生实际学情，选择《课标》和"中国英语能力等级量表"中的相应能力要求进行制定。

第四，单元评估证据应依据评估目标和评估标准，尽可能覆盖评估连续统中的各个评估证据形式，以保证单元评估多样、全面。

第五，课时评估证据需对应课时学习任务目标，以检验课时目标的准确性。

第六，评估方式需明确评估主体，使其具体可操作。

第四节　如何设计单元与课时学习活动

　　根据逆向设计理论，教师需要对传统的教学设计顺序进行调整，以终为始，从学习的"尽头"即学习结果开始思考。首先确定预期目标，其次明确评估证据，最后根据目标与评估证据设计相应的教学过程。本节将重点讨论如何在逆向设计理论的指导下规划教学过程和设计活动，分为以下五个部分：学习活动设计的依据、学习活动设计的原则、学习活动设计的方法及诊断方式、学习活动设计的模板及示例和注意事项。

　　学习活动设计过程其实就是教师制定"教学实施"的过程。同时，逆向设计理论（UbD）也给出了WHERETO模型来检验教学设计是否最佳，是否能够设置最真实、最得体的表现性任务来实现预期目标。

一、学习活动设计的依据

（一）学科核心素养

　　《课标》提出要重视学科大观念这个核心要素，使课程内容结构化，促进核心素养落实。《课标》从课程本质、内容和实施的角度有力地展示了大观念在英语学科育人道路上的不可或缺性。在设计单元学习活动之前，应当认真研读英语学科核心素养，即语言能力、文化意识、思维品质、学习能力。普通高中英语课程由必修、选择性必修、选修三类课程构成。每种课程对应了不同的课程要求。课程内容是发展学生英语学科核心素养的基础，包括主题语境、语篇类型、语言知识、文化知识、语言技能和学习策略。因此，教师在设计单元整体活动时，要以单元主题为引领，以语篇为依托，对整个单元的课程内容六要素进行详细分析。

同时，高中英语课程倡导指向英语学科核心素养的英语学习活动观，以活动为抓手开展学生学习活动，包括自主学习、合作学习、探究学习等，使学生通过不同层级的思维活动，从学习理解类活动逐步过渡到应用实践类活动，最终实现知识迁移创新，发展多元思维，提高英语学习能力和运用能力，促进学科核心素养的形成。

（二）教学目标

教学目标是一切教学活动的出发点。有效的教学目标是合理制定教学活动的基础。逆向设计理论指导下的活动设计就是以目标为导向的，该理论指出，我们要将具体结果作为目标，根据这些结果相应地进行逆向活动设计。目标设计应该做到可量化、可操作、可检测，这样才能更好地指导教师进行活动设计。

因此，教学目标是活动设计的重要依据。设计目标时，教师应当从教材的实际性原则、学生的实际情况以及单元的整体性与统一性出发，避免碎片化的教学目标设定。同时，结合布卢姆教育目标制定原则与逆向设计理论要求，教学目标在不同的思维活动层次，可分为迁移目标、理解目标和知识与技能目标，这三个层次的目标层层递进。

（三）评估证据

教学评估为实现教学目标提供了标准和依据。通过评估教学活动的有效性，教师可以及时调整教学策略，提高教学质量。通过不同的评估依据形式与标准，可以监控学生的学习进展。同时，定期的教学评估反馈能够促使学生调整学习策略，增强学生的学习动机。综合而言，教学评估不仅有助于优化教学过程，使教师能够更加有针对性地设计教学活动，而且能够提升学生的学习成效。

二、学习活动设计的原则

（一）递进性原则

递进性原则要求学习活动设计有明确的学习路径和递进顺序，由浅入深，帮助学生逐步建立知识体系，实现渐进式学习。这正如英语学习活动观所强调的，从学习理解类活动过渡到实践应用类活动，最终走出教材、走出课堂，进行迁移创新类活动。这样可以让学生更好地理解知识之间的联系和逻辑关系，帮助他们构建起扎实的知识框架，提高学习效率，减少学习中的碎片化现象。

（二）真实性原则

学习活动的真实性强调要基于真实情境进行设计，与学生的实际生活相关联。英语学习活动更应该注重真实情境下学习交际能力的培养。一方面，具有真实性的教学活动可以使学习更加贴近学生的生活，增强学生学习体验和参与感；另一方面，通过真实性原则设计的学习活动，可以让学生看到知识与实际生活的联系，激发学生学习兴趣和动机，更好地提高学生英语学习能力与实际运用能力。

（三）启发性原则

在学习活动中，启发性是重要的教学设计原则。启发性学习活动可以激发学生的学习兴趣、提高学生学习效果，并培养学生的创造力和批判性思维能力。设计启发性学习活动旨在引发学生的思考，激发他们的好奇心和求知欲，培养学生独立思考和解决问题的能力，使学生在探索和发现中更加积极地参与学习。

启发性学习活动鼓励学生发挥想象力和创造力，鼓励他们在学习中提出新思路、新观点和新的解决方案。这有助于培养学生的综合能力，包括创造力、批判性思维、沟通能力等。掌握英语不仅是掌握一门语言，更是通过语言、文化、思维的融合学习，培养创新思维，提升核心素养。

（四）主体性原则

学习活动应坚持以学生为主体，以学生的学习需求、兴趣和能力为中心，提高学生的学习动机和参与度。同时，在课堂学习活动中，坚持学生的主体性，要求教师在设计学习活动时，以研究性学习、探究性学习、反思性学习为主。一方面，鼓励学生通过小组合作交流思想、相互学习——这有助于提高学生社交技能和团队合作能力；另一方面，让学生通过主动提问、探索和研究来获取知识——这种方式也可以激发学生的好奇心和求知欲。

三、学习活动设计的方法及诊断方式

（一）单元与课时教学活动设计方法

普通高中英语课程倡导指向学科核心素养发展的英语学习活动观。英语学习活动观指出，课堂学习活动是英语学习的基本形式，教师应当设计具有综合性、关联性和实践性特点的英语学习活动。按照学习活动设计的依据和原则，将思维活动层次与逆向设计理论目标三个层次相结合，学习活动大致可以分为学习理解类、实践应用类和迁移创新类。

1. 学习理解类活动

学习理解类活动（对应知识与技能目标）要求学生完成基于语篇的感知与注意、获取与梳理、概括与整合等学习活动。学习理解类活动的特点是教师创设情境，激活学生与主题相关的背景知识，激发学生对于主题的兴趣，铺垫必要的文化知识与背景知识，引导学生通过自主查阅、小组合作、交流讨论等方式，完成对信息的感知、注意、获取、梳理、概括与整合。

常见的学习理解类活动如下：

Describing：观察图片或视频，描述所看到的内容。

Predicting：观察文章标题与配图，预测文章内容。

Reproducing：聆听短语或听力录音，重述内容或回答相关问题。

Listing：阅读文章或故事后，列出关键词或主要内容。

Ordering：听完听力材料或者阅读材料后，按顺序梳理出事件发生的顺序。

Summarizing：在解决问题的过程中，逐步整理相关信息，梳理出解决问题的步骤和思路。

Classifying：将不同知识点或观点进行整合，形成综合性的观点。

Comparing：对语篇中出现的不同信息进行对比，找出相同点和不同点。

这些活动主要是帮助学生理解和记忆知识，因此对应逆向设计的"A层级目标"以及与布鲁姆目标中的记忆理解类。学生将通过记忆理解类的活动掌握基本知识。

2. 实践应用类活动

实践应用类活动（对应理解目标）注重学生在真实语境中运用英语，帮助他们学会有效地应用所学知识和技能，使学习更具实用性。

常见的实践应用类活动如下：

Identifying：阅读一篇文章或段落后，进行阐释，解释作者的观点、意图或主题，并举例说明。

Explaining：根据教师提供的概念或理论，通过举例或描述来阐释该概念的含义和应用。

Referring：根据教师提供的问题或情境，分析其中的因果关系，推断可能的结果或解决方案。

Judging：阅读一篇文章或案例后，进行逻辑分析，并提出自己的观点或判断。

Solving：通过思考和合作解决实际问题，培养解决问题的能力。

Applying：将所学知识运用到实际情境中，提升语言实际应用能力。

这些活动主要是帮助学生实践和应用知识，因此对应逆向设计的"U层级目标"以及与布鲁姆目标中的应用、分析类。在学生将所学知识运用到实际情境中，进一步加深对知识的理解和掌握后，鼓励学生将知识进行实践和应用。

3. 迁移创新类活动

迁移创新类活动（对应迁移目标）常常将学习任务置于具体的情境中，注重激发学生的创造力和想象力，鼓励他们以创新的方式运用英语，开拓思维，培养解决问题的能力。这类活动通常设计为开放性任务，学生需要主动探索、独立思考和解决问题，主要培养自主学习意识和学习技能。

常见的迁移创新类活动如下：

Composing：将已学知识或技能整合、组合，创造出新的作品或产物。

Designing：设计相关任务或活动，培养创造性思维和解决问题能力。

Evaluating：对学习内容进行评价和反思，培养批判性思维和自我认知能力。

Debating：就某一主题展开辩论，培养论证能力和表达能力。

Creating：创作文章、故事、演讲等，发挥想象力和创造力。

Inventing：通过思考和创新，设计出新的想法、方法或产品。

这些活动主要是帮助学生迁移和创新知识，因此对应逆向设计的"T层级目标"以及与布鲁姆目标中的评估、创新类。

学习活动设计如图3-4-1所示。

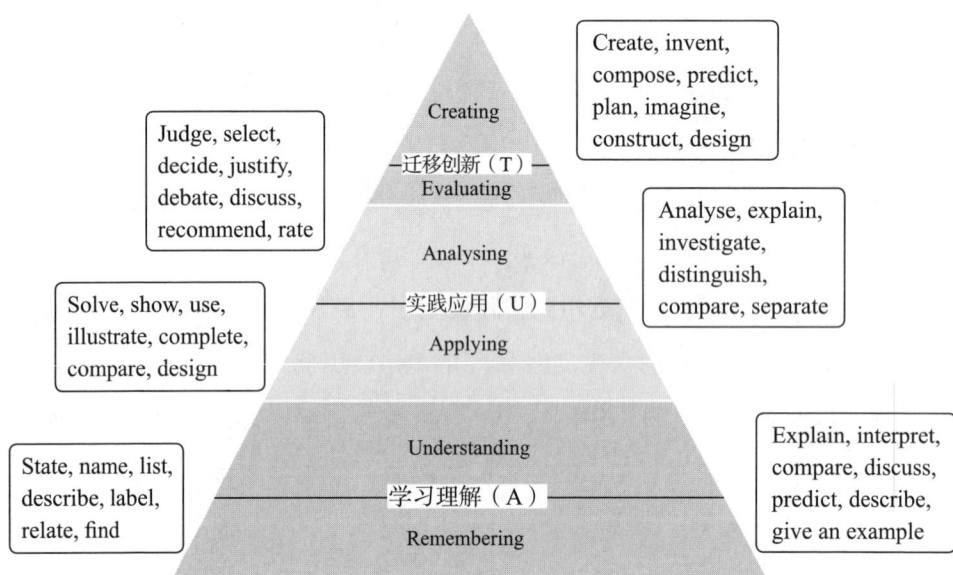

图3-4-1 学习活动设计

教学活动设计图结合了逆向设计理论中的"A-U-T"三个层级的目标与《课标》中的英语学习活动观、和美国著名心理学家和教育家布卢姆于1956年提出教育目标分类法结合。整个目标从低到高分为学习理解活动、实践应用活动与迁移创新活动，正好对应逆向设计中提出的不同层级的学习活动分类。比如从低到高学习理解活动属于记忆、理解类；实践应用属于应用、分析类；迁移创新活动属于评估、创新类六个层次，同时，布鲁姆目标再将这些活动细化，state、 name、list等等具体的活动都属于学习理解类，与逆向设计中AUT三个层级目标以及英语学习观当中所强调的学习理解、实践应用，迁移创新三个层次相对应。

（二）学习活动设计的诊断方式：WHERETO模式

UbD理论以"为理解而教"为引领，强调概念理解和迁移。正如前文所说，逆向设计理论可以帮助教师架构起单元的概念框架，帮助教师从整体目标向局部目标过渡。而在单元整体框架下对于学习活动设计很有帮助的就是逆向设计中的WHERETO模型。W（Where & Why）——确保所有学生都了解单元的目标以及为什么；H（Hook & Hold）——开始就吸引学生，并始终抓住学生的注意力；E1（Equip）——用什么来装备学生，给学生搭好脚手架；R［Rethink（R1）& Reflect（R2）& Revise（R3）］——为学生提供大量机会思考大观念；E2（Evaluate）——根据形成性评估，让学生进行学习过程评估、自我评估和自我调整；T（Tailor）——让单元适用于不同类型的学生，学习计划关照差异化和个性化；O（Organise）——组织（或按序列）编排单元以获得最大的参与度和有效性。

WHERETO模式图如图3-4-2所示。

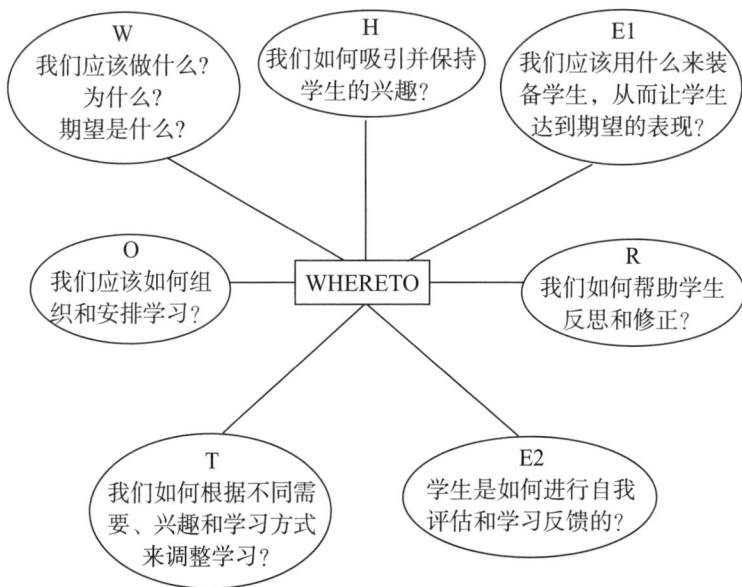

图3-4-2　WHERETO模式图

将WHERETO模式的七个元素作为学习活动分析的方法，能有效地帮助教师及时进行学习活动的反思与调整。该设计元素提醒我们要更加细致地对学生的情况进行分析，观察不同学生的特点，并相应地调整学习活动。

四、学习活动设计的模板及示例

（一）单元及课时活动设计模板

综合以上阐释，在目标和评估证据的引领下，课题组设计出单元活动与课时规划模板（见表3-4-1）和课时活动设计模板（见表3-4-2）。

表3-4-1　单元活动与课时规划模板

单元名称：		
单元主题：		
单元目标	T:	
	U:	
	A:	

主任务	子任务群	课时分配
单元主任务：	单元子任务1：	课时：
	单元子任务2：	课时：
	单元子任务3：	课时：
	单元子任务4：	课时：
	单元子任务5：	课时：

表3-4-2　课时活动设计模板

第一课时：			
任务	主要活动	设计意图	评估实施

（二）单元及课时活动设计示例

以外研社必修第一册第五单元为例，本单元提炼出1个单元主任务和5个单元子任务，并将单元整合规划为六个课时（表3-4-3）。课时活动从子任务、主要活动、设计意图、评估实施四个方面进行设计（表3-4-4）。

表3-4-3 单元活动与课时规划示例

单元名称：Into the wild		
单元主题：Be in harmony with animals		
单元目标	T: Raise people's awareness of protecting endangered animals and taking part in the protection activities	
	U: Know some animals play important roles in culture and the cultural exchange activities	
	A: Master the use of attributive clauses and the vocabularies and expressions related to animals	
主任务	**子任务群**	**课时分配**
单元主任务：Making a poster about an endangered animal（项目式学习）	单元子任务1：激活背景知识，掌握因果逻辑结构，了解迁徙的动物，初步感知人与动物的关系。	课时1
	单元子任务2：掌握定语从句中关系代词的用法，以及动物在文化交流中的重要作用，进一步探索人与动物的关系。	课时2
	单元子任务3：掌握与动物相关的谚语，理解辩论的结构，获取听力细节信息，更加深入地思考人与动物的关系。	课时3
	单元子任务4：能够读懂故事，回答人与动物的关系问题，能够复述故事，并完成动物档案的写作任务。	课时4 课时5
	单元子任务5：能够讲述有关人与动物的故事或者电影，树立与动物和谐相处的价值观。	课时6

表3-4-4　课时活动设计示例

子任务	主要活动	设计意图	评估实施
	第一课时：Starting out+Understanding ideas		

第一课时：Starting out+Understanding ideas

子任务	主要活动	设计意图	评估实施
激活背景知识，掌握因果逻辑结构，了解迁徙的动物，初步感知人与动物的关系。	Activity1: Watch the video and answer a question. What are the most popular pets in the UK?	引出话题，激活学生生活体验；创设与本单元主题一致的情境。	1.课堂口头提问☑ 2.课堂观察☑ 3.课堂随机对话☑
	Activity2: Look at the pictures and answer a question. What are the relationships between the people and the animals?	思考人与动物的关系。	1.课堂口头提问☑ 2.课堂观察☑ 3.课堂随机对话☑
	Activity3: Look at the pictures and choose the animals that migrate.	引出主要阅读的语篇和关键词"迁徙"。	1.课堂口头提问☑ 2.课堂观察☑ 3.阅读测试题☑
	Activity4：Read and conclude the main idea.	阅读掌握文章大意。	1.课堂口头提问☑ 2.阅读测试题☑
	Activity5: Complete the cause-effect flow charts.	通过完成"因果"流程图，掌握文章细节信息。	1.阅读测试题☑ 2.课堂观察☑ 3.课堂随机对话☑
	Activity6: Discuss. What can people do to help protect the monarch butterfly?	对接单元主题，利用基本问题追问学生对于课本的理解，开放性的问题鼓励学生思考在人与动物和谐相处的过程中人类已经做了什么以及人类还应该做什么。	1.课堂口头提问☑ 2.课堂观察☑ 3.课堂随机对话☑
	Activity7: Give a talk. Why does the title use "journey" instead of "migrate"? Evaluate the goals of the class.	思考文章标题，评估本节课的目标。	1.课堂口头提问☑ 2.课堂观察☑ 3.课堂随机对话☑ 4.口语练习☑ 5.口语评价量表☑ 6.课堂对目标的评价量表☑

续 表

第二课时：Using language—Attributive clauses（2）			
子任务	主要活动	设计意图	评估实施
掌握定语从句中关系代词的用法，理解动物在文化交流中的重要作用，进一步探索人与动物的关系。	Activity1: Look at the sentences from the reading passage and answer questions.	回顾上一节课的内容，从上一节课的句子中发现特殊语法结构，总结定语从句的用法。	1.课堂口头提问☑ 2.课堂观察☑ 3.课堂随机对话☑
	Activity2: Read a passage and change the sentences into attributive clauses.	在主题语境中，总结定语从句的用法、意义和形式，并进行句式改写。	1.课堂口头提问☑ 2.课堂观察☑ 3.课堂随机对话☑
	Activity3: Answer a question: Why do we send pandas to some foreign countries?	对小语篇的主题意义进行挖掘，对应单元目标中文化意识的培养，感悟动物在文化交流中扮演的角色。	1.课堂口头提问☑ 2.课堂观察☑ 3.课堂随机对话☑
	Activity4: Use "when, where, why" to complete the email in the context of animals in South Africa.	继续在单元的主题语境中进行定语从句的练习。	1.课堂口头提问☑ 2.课堂观察☑ 3.课堂随机对话☑ 4.语法测试题☑
第三课时：Vocabulary & Listening			
子任务	主要活动	设计意图	评估实施
掌握动物相关的谚语，理解辩论的结构，获取听力细节信息，更加深入地思考人与动物的关系。	Activity1: Look at the pictures and complete the idioms with animal names.	回想上一课时中关于动物在文化中扮演角色的提问，这一举措能够推动学生思考动物在人类文化和语言当中的重要作用。	1.课堂口头提问☑ 2.课堂观察☑ 3.课堂随机对话☑ 4.口语评价量表☑
	Activity2: Complete the paragraph with the animal idioms in the context of English idiom culture and find some animal idioms in Chinese culture.	学生继续以语篇为单位学习与动物相关的英文谚语，并找出中文当中与之相关的谚语，进一步体会动物与人类的关系。	1.课堂口头提问☑ 2.课堂观察☑ 3.课堂随机对话☑ 4.词汇测试☑

续 表

第三课时：Vocabulary & Listening			
子任务	主要活动	设计意图	评估实施
掌握动物相关的谚语，理解辩论的结构，获取听力细节信息，更加深入地思考人与动物的关系。	Activity3: Lead in with the word "domesticated" and listen to the TV debate and choose the right topic.	在感受了动物在人类文化中的重要性之后，引出人类和动物的另一种关系——"圈养"，做听力前的背景铺垫。	1.课堂口头提问☑ 2.课堂观察☑ 3.课堂随机对话☑ 4.听力测试☑
	Activity4: Listen again and complete the mind map in the context of TV debate.	继续听录音，找出辩论中各方对于"动物是否应该关在动物园里"的辩论观点和论据。	1.课堂口头提问☑ 2.课堂观察☑ 3.课堂随机对话☑ 4.听力测试☑
	Activity5: Review the listening materials and find out the expressions of agreement and disagreement.	深入解析听力语篇，找出并总结听力中辩论所用的相关英语表达。	1.课堂口头提问☑ 2.课堂观察☑ 3.课堂随机对话☑
	Activity6: Let students express own ideas about whether we should keep animals as pets.	听完了关于是否应该把动物关在动物园里的听力，学习了相关表达态度和辩论的技巧之后，学生自己就"我们是否应该把动物作为宠物养"展开辩论。	1.课堂口头提问☑ 2.课堂观察☑ 3.课堂辩论☑ 4.口语评价量表☑
第四课时：Developing ideas			
子任务	主要活动	设计意图	评估实施
能够读懂故事，回答人与动物的关系问题，能够复述故事，并讲述人与动物的关系的故事。	Activity1: Look at the word cloud and the pictures. Predict what happens in the story.	充分培养学生"看"的技能，关注词云图和图片，进行读前预测。	1.课堂口头提问☑ 2.课堂观察☑ 3.课堂随机对话☑ 4.课堂对目标的评价量表☑

续　表

第四课时：Developing ideas			
子任务	主要活动	设计意图	评估实施
能够读懂故事，回答人与动物的关系问题，能够复述故事，并讲述人与动物的关系的故事。	Activity2: Read the passage and check your prediction by answering questions. （1）What are the advantages and disadvantages of the author's job? （2）Why did he love to go to Yellowstone National Park? （3）What can we know about the bears? （4）How did the author feel about his experience?	通过问题链的方式，检测学生的读前预测结果，让学生迅速了解文章大意。	1.阅读测试题☑ 2.口语评价量表☑ 3.基本问题☑
	Activity3: Number the events in the correct order	学生通过排序厘清故事线。	1.课堂口头提问☑ 2.课堂观察☑ 3.课堂随机对话☑ 4.阅读测试题☑
	Activity4: Pay attention to the action verbs, adjectives and adverbs and discuss the meaning and the function of these words.	通过关注文章中行为动词、形容词、副词等的使用，掌握使记叙文生动形象的描写方式，体会文章的写作美感。	1.课堂口头提问☑ 2.课堂观察☑ 3.课堂随机对话☑ 4.阅读测试题☑
	Activity5: Discuss the meaning of the sentence: It is after all we who are the visitors to their world.	通过对全文最后一句话的谈论，再次回归单元主题，探讨人与动物的关系，为下一个输出活动做好铺垫。	1.课堂口头提问☑ 2.课堂观察☑ 3.课堂随机对话☑ 4.阅读测试题☑
	Activity6: Presentation: Make a speech in the context of how to show our respect to animals.	小组表现性输出活动，通过演讲来谈谈人与动物的关系是和谐且互相尊重的。	1.课堂口头提问☑ 2.课堂观察☑ 3.课堂随机对话☑ 4.阅读测试题☑

第五课时：Writing			
子任务	主要活动	设计意图	评估实施
能够掌握介绍动物的内容特点，包括动物的外形描写，动物的生活习性及在中国文化中的寓意。	Activity1: Read the paragraph about the red-crowned crane and answer questions. （1）What symbolic meaning does the red-crowned crane have in Chinese culture? （2）What does the red-crowned crane look like? （3）Where can you find the red-crowned crane? （4）Where does the red-crowned crane migrate to ? （5）What does the red-crowned crane eat?	首先阅读写作语篇的范文材料，并回答和语篇内容相契合的问题，了解丹顶鹤的基本信息以及其在中华文化中的象征意义。	1.课堂口头提问☑ 2.课堂观察☑ 3.课堂随机对话☑
	Activity2: Read another animal fact and make some notes.	课外增加的补充材料，学生按照从丹顶鹤的语篇中学习到的内容，找出材料中其他动物的档案信息，包括外形、栖息地、是否迁徙、饮食习惯等内容。	1.写作评价量表☑ 2.课堂对目标的评价量表☑
	Activity3: Learn some useful expressions from the animal fact and write a short description of the animal.	仿照范文中的相关描述句型，写出一种新动物的动物档案。	1.写作评价量表☑ 2.课堂对目标的评价量表☑
第六课时：Presenting ideas			
子任务	主要活动	设计意图	评估实施
能够讲述人与动物的关系的故事或者电影，树立与动物和谐相处的价值观。	Activity1: Think about the relationship between animals and human beings.	教师带领学生回顾整个单元所提及的人与动物的关系，最后总结人与动物到底应该如何相处。	1.课堂口头提问☑ 2.课堂观察☑ 3.课堂随机对话☑ 4.口语练习☑ 5.口语评价量表☑ 6.课堂对目标的评价量表☑

续 表

第六课时：Presenting ideas			
子任务	主要活动	设计意图	评估实施
能够讲述人与动物的关系的故事或者电影，树立与动物和谐相处的价值观	Activity2: Think of a film or story and complete the notes（time, place, main characters, relationships between characters, the main plot, messages behind the story）	小组讨论讲述人与动物关系的电影或者故事，并完成表格。	1.课堂观察☑ 2.口语练习☑ 3.口语评价量表☑
	Activity3: Practise telling the story in groups and use the useful expressions（e.g The story is about... it takes place in... it ends with...）.	教师提供相关表达，帮助学生整理故事，完成整个故事的讲述。	1.课堂对目标的评价量表☑ 2.课堂观察☑ 3.口语练习☑

本节的学习活动设计是在对整个第五单元课程内容的六个要素进行分析后展开的。在设定了单元T–U–A的三个不同层级目标以及相应的评估证据后，在英语学习活动观的指导下，根据本节讨论的活动设计原则和依据完成了单元活动的设计。以单元迁移目标设定为例，要求"提高人们保护濒危动物的意识，并参与到保护活动中"。要达到此迁移创新的目标，就必须从单元最初的"Starting out"部分的活动开始，有意识地进行铺垫。例如，在第一课时的活动设计中，观看视频并回答问题，通过视频引出话题，激活学生生活体验，创设与本单元主题一致的情境，接着通过"基本问题"进行追问：人类为保护动物做了什么？还需要再做什么？在第四课时"Developing ideas"中带领学生探讨"作者为什么说'It is after all we who are the visitors to their world'"。通过对全文最后一句话的谈论，再次回归单元人与动物和谐相处的主题，一步一步地提高学生保护动物、尊重动物的意识，并且最终通过表现性任务（发表演讲、讲述人与动物和谐相处的故事或者电影、小组合作制作保护濒危动物海报等）检测单元迁移目标是否完成。

同时，在设定完单元具体活动后，有对应的评估证据供教师选择，这样教师可以清晰地看到活动设置的意图与目标检测效果，然后再利用WHERETO模式进行检测。例如，第一课时中利用视频激发学生兴趣，是WHERETO原则中"Hook & Hold"的体现，同样的活动还有"Guessing game""Predicting"等，其目的都是激发学生学习兴趣，创设单元情境。为了使学生达到输出的标准，在活动设计时需要给学生搭好脚手架。比如，在本单元写作课第五课时中，要求学生完成另外一种动物档案的写作。这就需要教师在"丹顶鹤动物档案"的语篇中为学生"Equip"上足够的写作技能，包括通过问题链的方式分析动物档案的内容与结构，以及句型整理，等等。学生在写作后根据评估标准完成自评与互评的环节，对应了WHERETO原则中的"Evaluate"。需要注意的是，逆向设计理论所提到的评估并不仅仅指课堂之后，形式和主体也是多样的。比如，评估的形式有单元检测、课时检测（单元作业设计中体现）、课堂中口头提问、表现性任务等，评价也分为教师评价、学生自评与学生互评等。3R（Rethink & Reflect & Revise）原则贯穿了整个单元活动设计。比如，在语法教学活动中，教师带领学生"Rethink"前面阅读语篇中的句子，并进行句子分析，从而开始语法教学；又如，在听力课程中，教师带领学生"Reflect"人与动物的关系，再通过一场辩论的情境任务，带领学生"Revise"人与动物的关系。整个单元的活动设计是在具体的学情分析下进行的，满足了"Tailor"和"Organise"的要求。教师也在"Presenting ideas"的课时中再次让学生明白本单元究竟学什么，要去到哪里以及为什么（Where & Why），进行了整个单元知识的回顾。

五、学习活动设计的注意事项

（一）活动设计的逻辑性

活动设计的逻辑性指的是设计活动时，要确保各个元素之间有明确的关联性和连贯性，使得整个活动的结构和过程都合乎逻辑。这包括目标设定与评估方式的一致性、活动内容与目标的契合性、活动步骤的顺序性以及活动所采用的方法和资源与目标的匹配性等。一个逻辑性强的活动设计能够确保学生在参与活动时理解活动的意义和目的，顺利完成学习任务，并达到预期的学习效果。

例如，在本单元的活动设计中，课时活动服务于课时目标与课时评估标准，同时课时目标最终也能促进单元目标的实现。在活动的内容设计方面，通过活动设计意图可以看出，它与目标具有高度的契合性。比如，在语法课时中，提问"熊猫外交的意义是什么"，这直接指向主题意义的挖掘，对应单元目标中文化意识的培养，让学生感悟动物在文化交流中所扮演的角色。再如，在语法课时中，将活动设计为语篇定语从句改写，目的是检测学生能否在语篇中正确使用定语从句，这是合乎活动设计逻辑的。

（二）活动设计的层次性

活动设计的层次性是指在设计活动时，充分考虑不同层次的目标和任务，将活动分解为多个逐步推进的阶段或层次。这种分层式设计能够帮助学生逐步建立知识、技能和能力体系，在从简单到复杂、从表面到深层的层次上实现逐步提升。通过逐层推进的设计，学生可以逐步掌握知识和技能，从而提高学习的效果和深度。

在活动设计中充分考虑层次性，能够确保学生在学习过程中不感到突兀和困惑，在逐步推进的学习过程中，学生逐渐建立自信并取得进步。这种层次性的设计也有助于教师更好地组织教学内容，使学习过程更加系统化、有条理。比如，按照英语学习活动观的要求，学生通过学习理解、应用实践、迁移创新三个思维层次逐步完成单元最终目标。活动的设计由易到难，因此在活动设计时要注意思维的发展路径不是一蹴而就的。比如，在"Starting out+Understanding ideas"环节，学生只能初步感知人与动物的关系；在"Developing ideas"中，则要进一步表达人与动物互相尊重的价值观；最后，通过单元的表现性任务输出人与动物和谐相处的理念。

（三）活动设计的差异性

逆向设计理论倡导学生广泛参与表现性任务，鼓励项目式教学和合作学习。因此，教师需要充分考虑学生的能力差异、认知水平、身心状况等因素，并根据实际情况和个体差异来制订教学计划，避免采取"一刀切"的教学方法。

活动的差异性体现在以下几个方面。

1. "用教材"而不是"教教材"

教材的活动应依据具体的学情进行适当调整。例如，本单元将"Starting out"与"Understanding ideas"作为一个课时，由于课时时间的限制，教师有目的地对"Starting out"的教材活动进行了删减。再如，为持续引领学生挖掘单元主题意义，即使在语法课堂中，也要设置教材以外的关于主题意义探究的问题，而不仅仅是培养语言能力。

2. 利用课本活动搭好"脚手架"，设立新情境

为了更好地培养学生的迁移创新能力，教师需要在课堂活动中尽可能设计真实的语言使用情境，使学生在经历学习理解、实践应用、迁移创新等一系列学习活动后，能够在今后的生活中继续迁移应用所学知识。比如，在本单元课时活动设计中，听力课堂创设了辩论的真实情境，讨论是否应该将动物作为宠物。通过对听力语言的挖掘，学生还学习了英文辩论的技巧与相关语言表达，这也是对于语言的一种迁移应用。

3. 活动设计多维度

活动设计要以学生学习活动为依据和出发点，设计多种维度、多种形式的活动，如小组合作、问题探究、辩论演讲等，以引发学生质疑、思考与决策。

总而言之，在整个教学活动设计中，教师就像是一个乐高设计师，能够结合学习需要，调动、组合、编排单元的学习资料，并不断进行调整、加工，以辅助学生完成学习目标。

第五节　如何设计作业

随着新课改的深入推进，高中英语教学对作业设计的要求不断提高。传统的作业设计形式与内容已无法满足学生的个性化需求，也难以助力学生英语学科核心素养的达成。课题组通过多年"基于逆向设计理论的高中英语单元整体教学设计与实施"的研究，找到了逆向作业设计这一新理念。

逆向作业设计是一种目标导向的作业设计方法。它强调从教学目标出发，整体设计作业；遵循学生需求，分层设计作业；落实学科核心素养，创新设计作业。逆向作业的设计与完成促使学生进一步明确学习目标、提高作业质量、提升学业成绩，从而促进学生全面发展。

一、作业设计的依据

（一）高中英语课程标准

《课标》作为指导性文件，明确了高中生在英语学科上应该达到的能力标准。这一标准不仅为学生指明了学习方向，也为教师提供了教学路径与方法。在进行逆向作业设计时，教师必须严格遵循课程标准，确保作业与课程目标相一致。

通过对课程标准的深入分析，教师能够明确学生在语言能力、文化意识、思维品质、学习策略等方面需要掌握的内容。通过深入学习课程标准，教师可以更好地了解学生的需求，并设计出更加符合学生需求的作业。这样的作业不仅能够巩固学生在课堂上所学的知识，还能够引导他们主动去探索、发现并解决实际问题，进一步增强他们的英语学科素养。

（二）单元整体教学

单元整体教学理论强调教师从单元整体的视角，充分挖掘单元主题意义，研究课标，分析学情，整合教学资源，从整体上进行教学设计与实施，以促进学生学科核心素养的提升。而作业正是单元整体教学的有机组成部分。从单元整体教学视角进行作业设计，有利于教学目标的达成，有助于学生学习兴趣的激发、学生学习策略的改进，有利于学生学业成绩的提升以及学科核心素养的培养。

（三）逆向设计理论

逆向设计理论明确指出教师的教学设计应遵循以下步骤：首先确定预期结果，然后确定合适的评估证据，最后设计学习体验和教学。此理论具有以下三个突出特点：第一，强调教学目标的导向性，即在教学设计中，教师必须首先确定教学目标。第二，强调教学评价前置，即教学目标确定以后，教师应设计评估证据，也就是教学评价设计要优先于教学活动设计，使教学评价伴随整个教学过程。第三，强调教学活动紧紧围绕教学目标的达成设计与实施。

逆向设计理论对单元作业设计具有显著的指导作用，主要体现在以下几方面：第一，明确目标。作业目标必须基于单元教学目标及课时目标而设定，确保学生完成作业后能达到预期的学习效果。第二，了解需求。学生实际需求是作业设计的前提和基础。只有针对学生需求的作业才是有效的。第三，尊重差异。学生是独一无二的个体，学习水平和能力各不相同，教师必须设计出不同难度层次的作业，才能促进所有学生学有所获。第四，注重实践。英语学习是一门实践性极强的学科，教师应多布置能让学生在真实生活中应用、练习和提高英语的作业，以促进学生学科核心素养的提升。

二、作业设计的原则

（一）目标导向性原则

目标导向性原则是作业设计的首要原则。在高中英语单元整体教学实践中，学习目标统领一切。因此，作业的设计应与学习目标高度契合，否则，作业就会失去应有的价值与意义。同时，目标应该明确、具体且可量化。这样，学生才能明确通过完成作业能够达成的学习目标，从而更有针对性地完成作业。为了确保作业的目标导向性，教师首先应该仔细研读课标和教材，挖掘单元主题意义，准确提炼单元教学目标，并将其细化为课时目标。然后，教师需要依据教学目标确定具体的作业目标，确保学生在完成作业后学习效果提升，达成目标。

（二）差异性原则

差异性原则在逆向作业设计中不可或缺。每个学生都是具有独特学习需求、兴趣爱好且风格迥异的个体。因此，有效的作业设计需要充分尊重学生的差异，为学生提供多样化的作业选择，以满足学生的不同需求。为了实现差异性设计，教师需要深入剖析学情，了解学生的学习习惯、学习兴趣、学习风格以及能力差异等。只有掌握了学生的个体差异与需求，教师设计作业时才有据可循，才能设计出更加满足学生需求的作业。差异性作业设计不仅体现在作业形式的不同上，还体现在作业内容和难度的差异上。例如，教师可以设计小组讨论、角色扮演、非物质文化探访、用英语视频介绍中国传统文化名胜等多种形式的作业。

（三）实践性原则

高中英语是一门需要学生大量实践的学科。除课堂教学之外，教师需要为学生布置大量具有真实语境的实践性作业，让学生在真实的生活场景中运用所学知识解决实际问题，提高英语应用能力。例如，布置学生在周末看一部经典英语电影并写一篇影评，用英语介绍当地一种特色小吃，在风景名胜区为外国人当一次导游，等等；还可以让学生开展合作学习，布置演讲、辩论等实践性强的作业。只有通过形式丰富、内容有趣、难度各异且实践性强的作业，学生才能够在真实语境中运用英语，提高口语和书面表达能力。同时，通过团队合作与交流，学生能够增强人际交往能力，实现综合素养的提升。

（四）反馈机制性原则

反馈机制性原则是作业设计中至关重要的原则。教师需要做到及时、全面、详细地对学生的作业完成情况进行督导、检查与反馈。对作业完成优秀的学生予以表扬，并对优秀的作业予以展示；对作业完成质量不高的学生予以帮助，给出明确的建议和指导。同时，学生根据教师的反馈及时调整学习策略，改进学习方法。因此，教师在设计作业时，需要注重如下反馈机制的设计。

1. 务必及时反馈

教师应在学生完成作业后及时批阅，并给出具体的改进意见，注重作业的及时反馈。

2. 注重细节反馈

教师在批改作业时，应注重细节的反馈。除了给出总体评价外，教师还应指出学生在作业中的优点和不足，并给出具体的改进建议，让学生有针对性地改进自己的学习方式。

3. 多渠道反馈

除了传统的书面作业批阅，教师还可以采用电话反馈、网络在线反馈、面对面交流反馈等多种方式，以增强反馈的及时性与有效性。

4. 多主体反馈

教师可采取学生本人自我评价反馈、小组互评反馈、班级集体点评反馈等方式，丰富反馈的多元性，提高学生作业完成的积极性、主动性与准确性。

5. 阶段性反馈

除了每次作业的反馈，教师还可以开展每周、每月、每半学期、每学期等阶段性的作业反馈活动，表彰先进，激励后进，从而提高班集体英语学习效果。

三、作业设计的方法

（一）作业目标与教学目标统一

作业目标与教学目标相统一是作业设计的核心点。为了确保作业的针对性，作业目标必须与教学目标紧密结合。教学目标不仅是知识层面的目标，还应涵盖语言能力、文化意识、思维品质、学习策略四个核心维度的学科核心素养目标。深入理解单元及课时教学目标，使作业目标与教学目标高度统一，教师设计出的作业才更具针对性，也才能更好地服务于课堂教学目标。

（二）作业内容与课时教学进度同步

作业内容与课时教学进度同步是作业设计的基本点。教师在设计作业时，应确保作业内容与课堂所学相匹配，这样作业才能促进学生巩固课堂所学知识，形成有效的学习闭环。同时，教师可以通过学生作业完成情况，及时了解学生的课堂学习与掌握状况，为后续的教学调整提供参考。

（三）作业难度与学情匹配

作业难度与学情匹配是作业设计的关键点。学生的学习水平和学习能力存在明显差异。为了满足不同层次学生的需求，教师应选择与学生能力水平相匹配的作业素材，设计不同难度层次的作业。学生可根据自己的能力选择合适的作业完成，从而提高完成作业的积极性和有效性，增强学习自信心和成就感，实现自我提升。

对于基础较薄弱的学生，可以多设置一些基础性强的作业，并设计适度的变式题，帮助学生夯实基础。为了帮助基础薄弱的学生更好地完成课后作业，教师有必要为学生搭建支架，提供必要的辅助材料，如参考书、辅导书、音视频学习资源等。对于学有余力的学生，可以多设计一些拓展性强的作业，激发他们的探究欲望，提高其综合素养。针对部分拓展性作业，教师可给予学生适当指导，如解题思路、操作步骤等。通过指导与提示，教师可以帮助学生更好地完成作业，同时可以帮助他们克服在完成作业过程中遇到的困难。

（四）作业形式满足学生需求

作业形式满足学生需求是作业设计的提质点。教师可通过平时的教学观察、学生座谈、学生作业反馈、问卷调查等多种途径，了解学生的学习习惯、学习兴趣、学习风格等，进而创新作业形式，做到有的放矢。

第一，了解学生的学习习惯对于作业设计至关重要。每个学生的学习方式不尽相同，如有的学生自主学习性强，有的学生善于合作学习，而有的学生更乐于实践性学习。因此，教师应充分考虑学生的学习习惯，设计形式丰富、内容多样的作业，以满足不同学生的需求。

第二，学生的兴趣是教师作业设计必须考虑的重要因素。教师要深入了解学生对哪些话题和活动感兴趣，并以此为依据设计出更契合学生兴趣的作业。只有符合学生兴趣爱好的作业，才能够激发学生的学习内驱力。

第三，关注学生的学习风格也是十分必要的。学生的学习风格分为动眼型、动耳型、动手型和动脑型等不同类型。在设计作业时，教师应充分关注学生的学习风格，设计出形式多样的作业，以满足不同风格学生的学习需求。

（五）作业设计应不断优化

教师应根据学生课堂表现、作业完成情况以及反馈意见等，适时对作业设计与布置进行优化调整。这包括对作业形式、作业量、作业难易度以及作业反馈方式等进行合理调整，以确保作业更加符合学生的实际需求，助力学生学习目标的达成。

四、作业设计的模板及示例

作业设计模板旨在为教师提供一个结构化且可参考的实施路径图。为实现学生由知识、能力向素养的转化，作业设计应呈现出整体性、层次性与螺旋递进性三大特点。作业设计模板通常包括以下要素：

作业目标：明确指出本单元或本课时希望学生达成的目标。

作业内容：应与本单元或本课时紧密相关。

作业分层：教师应根据学生能力及需求分层设计作业。

作业形式：包括书面作业、口头作业、实践性作业、项目式作业等。

作业评价：作业评价应形式多样，可开展学生自评、小组互评、教师评价等。

（一）单元及课时作业设计模板

单元及课时作业设计模板见表3-5-1和表3-5-2。

表3-5-1 单元作业设计模板

教材单元			单元标题	
作业目标	A			
	U			
	T			
作业形式	口头作业（ ） 书面作业（ ） 实践作业（ ） 项目作业（ ） 其他（ ）			
作业内容	作业环节	内容		
		调查		
		设计		
		创作		
		展示		
作业评价	学生自评（ ）小组互评（ ） 教师评价（ ） 其他（ ）			

表3-5-2 课时作业设计模板

教材单元			课时内容	
作业目标	A			
	U			
	T			
作业形式	口头作业（ ） 书面作业（ ） 实践作业（ ） 项目作业（ ） 其他（ ）			
作业内容	课前作业： 1-1（基础类）…… 1-2（拓展类）……			
	课后作业： 2-1（基础类）…… 2-2（拓展类）…… 2-3（挑战类）……			
作业分层	A类同学（优等生）必做（ ）选做（其他）； B类同学（中等生）必做（ ）选做（其他）； C类同学（后进生）必做（ ）选做（其他）			
作业评价	学生自评（ ） 小组互评（ ） 教师抽评（ ） 教师全评（ ） 其他（ ）			

（二）单元及课时作业设计示例

单元及课时作业设计示例见表3-5-3、表3-5-4。

表3-5-3 单元作业设计示例

教材单元		外研版B1U5	单元标题	Into the wild
作业目标	A	掌握描写某种濒危动物的写作技能。		
	U	理解人与动物和谐相处的重要性。		
	T	制作一幅海报，以提升爱护动物以及与动物和谐相处的意识。		
作业形式		口头作业（ ） 书面作业（ ） 实践作业（√） 项目作业（ ） 其他（ ）		

作业内容	作业环节	内容	Making a poster about an endangered animal
		调查	1.Choose an animal that is endangered. 2.Research information about your chosen animal. Use the Internet to help you.Make notes about: （1）its habitat; （2）its population; （3）its distinctive features; （4）why it has become endangered; （5）any action already taken by people to protect it; （6）what needs to be done to ensure its survival
		设计	1.Think of an interesting title for your poster. 2.Sketch the layout of your poster, and decide how to position the text and pictures
		创作	1.Use your research notes to write a short paragraph about your chosen animal. 2.Find or draw some pictures of your chosen animal and add them to the poster
		展示	Present your poster to the class
作业评价	学生自评（　）小组互评（√）　教师评价（　）其他（　）		

表3-5-4　课时作业设计示例

教材单元		外研版B1U5	课时内容	Developing ideas
作业目标	A	掌握创建动物档案的写作格式。		
	U	深刻领会动物在人类生活中的重要作用与价值。		
	T	根据教师给定的阅读材料，模拟高考题型，自创问题并作答。		
作业形式	口头作业（√）　书面作业（√）　实践作业（√） 项目作业（　）　其他（　）			
作业内容	课前作业： 1-1（基础类）：完成课前自主学习学案。 1-2（拓展类）：准备一段"与动物的一次亲密接触"介绍。			

续　表

作业内容	课后作业： 2-1（基础类）：仿照课本第79页，创建一份丹顶鹤档案。 2-2（拓展类）：理解大熊猫作为中国文化使者所带来的意义和价值，完成一篇演讲稿。 2-3（挑战类）：根据教师提供的以大熊猫为话题的阅读文章，模拟高考阅读理解题型，自创问题并作答。
作业分层	A类同学（优等生）必做（2-2 & 2-3），选做（其他）； B类同学（中等生）必做（2-1 & 2-2），选做（其他）； C类同学（后进生）必做（1-1 & 1-2 & 2-1），选做（其他）。
作业评价	学生自评（1-1）　小组互评（作业2-1）　教师抽评（作业1-2 & 2-2） 教师全评（作业2-3）　其他（　　）

　　综上所述，作业设计是学科知识巩固与拓展的坚实保障，是落实学科核心素养的必备环节，也是减负提质的重要举措。作为新时期的一线教师，我们必须勤奋学习、努力探索、潜心实践，为落实立德树人这一教育根本任务而持续优化作业设计。

第四章

高中英语单元整体教学
逆向设计模板及操作示例

第一节　高中英语单元整体教学逆向设计模板

单元整体教学逆向设计模板见表4-1-1。

表4-1-1　单元整体教学逆向设计模板

教材版本		单元名称		单元主题	
单元课时		授课班级		授课教师	
前端分析	研读课标	明确单元核心素养			
		分析课程六要素			
		依据学业质量标准			
	解读教材	提炼语篇主题意义			
		建构单元大观念			
		形成问题序列链			
	分析学情	已知与个性特点			
		未知与需求兴趣			
		难点与突破措施			
预期结果	A：获取什么				
	U：理解什么				
	T：迁移什么				

续　表

	维度		标准	证据	主体
评估证据	学习过程	问题意识			
		自主探究			
		合作分享			
	学习结果	A			
		U			
		T			

		子任务群	课时分配
活动规划	单元主任务	单元子任务1 单元子任务2 单元子任务3 ……	课时1 课时2 课时3 ……
作业设计	单元Project作业		

填表说明：

（1）"明确单元核心素养"：结合具体单元，从核心素养的四个维度进行概要分析。

（2）"依据学业质量标准"：依据学业质量标准对应的学生质量水平进行分析。

（3）"解读教材"：此处只需概要填写语篇主题意义关键词、大观念（这里主要指主题大观念）、问题序列即可。具体的单元教材文本解读单独附在单元整体教学设计之后。

（4）"评估证据"：基于已有的标准，从所提供的证据中选择适当的证据并完善开放式问题。具体操作见第三章第三节中的"五、评估证据设计的模板及示例"。

（5）"活动规划"：填写单元主任务，再将主任务分成若干个子任务，最后基于任务进行单元课时划分。具体操作见第三章中第四节中的"四、学习活动设计的模板及示例"。

（6）"作业设计"：此处的单元作业设计主要指单元Project作业。具体操作见第三章中第五节中的"四、作业设计的模板及示例"。

课时教学逆向设计模板见表4-1-2。

表4-1-2　课时教学逆向设计模板

单元主题		课时名称		课时类型	
授课教师		授课班级		授课时间	
预期结果	A：获取什么				
	U：理解什么				
	T：迁移什么				
评估证据	维度		标准	证据	主体
	学习过程	问题意识			
		自主探究			
		合作分享			
	学习结果	A			
		U			
		T			
课时活动	任务	活动序列	设计意图	评估实施	
		活动1：			
		活动2：			
		活动3：			

续 表

作业设计	作业目标		A	
			U	
			T	
	作业形式		口头作业（　） 书面作业（　） 实践作业（　） 项目作业（　） 其他（　）	
	作业内容	课前	基础性	必做
			发展性	必做
		课后	基础性	必做
			发展性	必做
			挑战性	选做
	作业评价		学生自评（　） 小组互评（　） 教师评价（　） 其他（　）	

填表说明：

（1）"预期结果"：围绕单元预期结果，填写更为具体、可操作的课时预期结果。

（2）"评估证据"：结合具体的课时目标与内容，从所提供的证据中选择适当的证据并完善开放式问题。具体操作见第三章第三节中的"五、评估证据设计的模板及示例"。

（3）"课时活动"：填写具体的子任务并设计序列活动，明确设计意图和具体的实施办法。具体操作见第三章中第四节中的"四、学习活动设计的模板及示例"。

（4）"作业设计"：作业目标按A-U-T填写，作业内容结合具体的课时目标与内容进行填写。作业形式与作业评价只需进行选择即可。具体操作见第三章中第五节中的"作业设计的模板及示例"。

第二节　高中英语单元整体教学逆向设计示例

一、外研版必修第一册第四单元整体教学逆向设计

外研版必修第一册第四单元整体教学逆向设计见表4-2-1。

表4-2-1　外研版必修第一册第四单元整体教学逆向设计

教材版本	外研版	单元名称	Book 1 Unit 4 Friends forever	单元主题	朋友与友谊
单元课时	6	授课班级		授课教师	
前端分析	研读课标	明确单元核心素养	1.语言能力 （1）能够理解与友谊相关的语篇内容。 （2）能够听懂并谈论与友谊相关的话题，使用新学语言描述朋友间的相处与情感。 （3）恰当运用定语从句进行修饰、说明。 （4）根据故事情节的发展合理续写结尾。 2.文化意识 （1）能够了解中外文化中关于友谊的观点和态度。 （2）丰富对友谊的认知。 （3）形成正确的人生观、价值观、交友观和跨文化意识。 （4）在生活中珍惜友谊、正确交友。 3.思维品质 （1）能够正确判断语篇中人物的观点和态度。 （2）辨析人们对友谊的定义，评判网络、社交媒体环境下人们的交友观念。 （3）辨析友谊与法律间的关系。			

前端分析	研读课标	明确单元核心素养	4.学习能力 （1）能够通过了解友谊的价值和交友原则，激发英语学习的兴趣。 （2）能够从多渠道获取英语学习资源。 （3）能够选择恰当的策略与方法，对自己的学习内容和进程进行监控、评价、反思和调整。
		分析课程六要素	1.主题语境 本单元学习话题是"Friends"，属于人与社会范畴，整个单元的内容围绕大概念"Friendship"展开，遵循"理解—发展—实践"的原则，通过让学生阅读两个主题篇章，使学生加深对友谊这一话题的理解与探究。首先，让学生理解友谊的重要性以及网络交友的利弊，提高网络交友辨别能力和自我保护意识，进而引导学生形成正确的交友观，并以欧·亨利的小说为载体，让学生明白如何平衡友谊和法律之间的关系，让学生形成正确的价值观，学会明辨是非，做一个正直的人。其次，帮助学生学会在生活中与朋友相处，适当提高他们的自我保护意识，使其形成正确的是非观和价值观，能辩证思考情与法之间的关系，初步建立平衡情与法的意识。 2.语篇类型 本单元的语篇类型包含诗歌、议论文、小说等。第一部分"Starting out"的语篇类型是诗歌。该部分通过视频介绍著名诗歌 *Auld Lang Syne*，通过欣赏与理解，预热话题该诗歌，并引导学生初步感知友谊的丰富性、永恒性。第二部分"Understanding ideas"的语篇类型是议论文，通过探讨交友方式的改变，使学生认识到交友方式的时代性，引导学生辩证思考网上交友的利弊。第三部分"Developing ideas"则是短篇小说节选，内容是欧·亨利短篇小说 *After Twenty years* 的节选。首先，学生通过阅读经典，体会如何抓住小说文本五要素，通过获取信息和文章描述的场景，感受人物性格特点，学生通过分析小说五要素，预测语篇内容，推断文章的结尾，体会欧·亨利式结尾的特点。在这个过程中，学生能够理解友谊的重要性，形成更多维度、更全面的友谊观，同时形成正确的是非观和价值观。 3.语言技能 （1）学生能够围绕本单元的主题语境内容，基于单元提供的多模态语篇，综合运用各种语言技能，读懂语篇内容。 （2）学生能够通过理解语篇结构、文章大意、作者观点态度，并结合分析写作背景、语篇目标读者等，理解作者写作意图，同时能够谈论网络交友的利弊，并陈述理由。

前端分析	研读课标	分析课程六要素	（3）学生能够听懂与友谊相关的听力素材，并能够以礼貌恰当的方式向朋友提出建议。 （4）学生能够针对友谊以及友谊与法律的关系表达自己的看法，并使用目标语言有逻辑地陈述理由。 （5）学生通过阅读经典，体会如何抓住小说文本五要素；通过获取信息和文章描述的场景，感受人物特点；学生通过分析小说五要素，预测语篇内容，推断文章的结尾。 4.语言知识 （1）本单元主要涉及与友谊相关的词汇和表达，如lose track of, maintain friendship, stay in touch with, social media tools, thanks to, the digital age, connect... with..., keep in mind, make one's fortune, ought to do, hear from, be worth it, turn up, turn to... for help。 （2）由that, which, who, whom, whose引导的限制性定语从句。 难点：在与友谊相关的主题语境中灵活运用定语从句。 （3）重点句型。 提出建议：What about...?/ How about ...?/Why don't you...?/I was wondering... 陈述观点：in my opinion/ as far as I'm concerned/ in my view 反驳观点：I'm sorry, but I don't agree because... / I see your point, but ... / That's a good point, but... 5.文化知识 本单元的主题语境是"人与社会"，涉及的主题语境内容包括社会服务与人际沟通、良好的人际关系与社会交往、正确的人生态度和价值观、公民义务与社会责任。本单元语篇形式多样，涵盖诗歌、短文、小说、通知等。在进行语篇阅读时，可充分利用语篇的多模态形式，让学生在英语学习活动中初步感知和体验英语语言之美，理解并欣赏部分英语优秀文学作品，如著名诗歌*Auld Lang Syne*，欧·亨利短篇小说*After Twenty Years*等，通过这些作品了解友谊的重要性及其对我们的积极影响，树立正确的价值观；同时，通过分析、思考和鉴别语篇所反映的社会文化现象，引导学生形成正确的友谊观，树立正确的是非观和价值观，辩证地思考情与法之间的关系，初步建立平衡情与法的意识。 6.学习策略 （1）元认知策略。 通过图书馆、计算机网络等途径获得更广泛的英语信息，扩充学习资源。

前端分析	研读课标	分析课程六要素	在本单元，学生可通过图书馆和网络等途径进一步了解著名诗歌 *Auld Lang Syne* 的相关信息，如作者、创作缘由、作品意义等，从而进一步理解友谊的重要性和积极意义。同时，学生可以进一步了解著名作家欧·亨利及其小说的相关信息，如写作背景、写作风格和一些其他作品等，理解作家作品所呈现的社会现象以及传达的寓意，这有助于进行小说结尾创作，并提高学习兴趣。 （2）认知策略。 根据语篇类型和特点，了解文章的主要内容和写作意图。在本单元，学生可通过该策略把握第一个篇章作者的写作目的，认识到网络交友的利弊；通过观察、比较、分类和总结等方式，概括具体语言形式的结构、意义和使用规律；同时，掌握限定性定语从句的结构、意义和使用规律。 （3）交际策略。 根据不同文化语境下的礼貌习惯和规范进行交流。在本单元，学生应学会在交流过程中礼貌地向对方提出意见。 （4）情感策略。 使用英语时不怕出现错误，大胆尝试，不断修正自己的错误。在本单元，学生在针对网络交友、友谊与法律的关系、友谊观表达自己的看法并进行有逻辑性的理由陈述时会存在一定的问题，准确地使用限定性定语从句也是一个难点，这需要学生在学习过程中有不怕出错、大胆尝试的精神。
		依据学业质量标准	高中英语学业质量水平一

序号	质量描述
1-1	在听的过程中，能抓住日常生活语篇的大意，获取主要事实、观点和文化背景等信息。
1-2	能根据重音、语调、节奏的变化，理解说话人所表达的意义、意图和情感态度。
1-3	在听的过程中，能注意到图片、符号、表格、动画、流程图等传递的信息。
1-4	能简要地口头描述自己或他人的经历，表达观点并举例说明。
1-5	能口头介绍中外主要节日等的文化传统和文化背景。

			序号	质量描述
前端分析	研读课标	依据学业质量标准	1-6	在口头表达中，能根据交际场合以及交际对象的身份，选择恰当的语言形式（如正式或非正式、直接或委婉的表达方式），以表达意义、意图和情感态度；能借助手势、表情、图表、图示等非语言手段提高表达效果。
			1-7	能通过重音、语调、节奏的变化，表达特殊的意义、意图和情感态度。
			1-8	能通过重复、解释、提问等方式，克服交际中的语言障碍，保持交际的顺畅。
			1-9	能通过读与看，抓住日常生活语篇的大意，获取其中的主要信息、观点和文化背景；能借助多模态语篇中的非文字资源，理解语篇的意义。
			1-10	能区分语篇中的主要事实与观点；能基于所读和所看内容，进行推断、比较、分析和概括。
			1-11	能识别语篇的类型和结构，辨识并分析语篇的文本特征及衔接手段，识别语篇为传递意义而选用的主要词汇和语法结构。
			1-12	能识别语篇直接陈述的情感态度、价值观和社会文化现象。
			1-13	能以书面形式简单描述自己或他人的经历，表达观点并举例说明；能介绍中外主要节日和中华优秀传统文化；在书面表达中，所用词汇和语法结构能够表达主要意思。
			1-14	能运用语篇的衔接手段构建书面语篇、表达意义，体现意义的逻辑关联性；能借助多模态语篇资源提高表达效果。
	解读教材	提炼语篇主题意义		友谊的本质、永恒性、时代性、丰富性、冲突性、自我性
		建构单元大观念		朋友与友谊
		形成问题序列链		Q1: How do you solve problems in maintaining friendship? Q2: How do you make a decision in the dilemma of friendship and law? Q3: What is the true meaning of friendship?

续 表

前端分析	分析学情	已知与个性特点	1. 自然情况 高一学生已经有了一些交友的经历与一定的交友能力，也积累了与友谊、交友等话题相关的语言知识，在初中阶段学习过英文诗歌（*Mum knows best / I remember*），对诗歌有基本的感知。但对于欧·亨利的小说，由于初中英语和语文教材都没有出现相关教学素材，绝大部分学生了解较少，只有少部分学生在课外阅读中有所涉猎，了解该作者的写作手法。 2. 知识和能力基础 （1）知识储备：高一学生已具备表达不同观点的语言知识。然而，总体来看，要让学生通过探讨交友方式的改变和网上交友的利弊，从而辩证思考网络交友利弊，学生的批判评价能力还有待加强。 （2）能力基础：学生能够听懂、谈论与友谊相关的话题；能读懂诗歌和小说，能够辨识定语从句等。鉴于学生的基础和学习能力各不相同，教学任务的设计要从广度、难度和深度上进行调整，课堂问题的设置要充分考虑学生的思维水平。 3. 情感态度 本阶段的学生对友谊非常在意和重视，并且网上交友对于他们而言是常用而又熟悉的方式，所以学生对本话题会感兴趣。部分学生已形成自己的友谊观，但是对于网络交友的利弊思考较少
		未知与需求兴趣	本单元学习重点：在英语学习活动中初步感知和体验英语语言之美，理解和欣赏部分英语优秀文学作品，通过作品了解友谊的重要性和积极影响，树立正确的价值观，通过分析、思考和鉴别语篇所反映的社会文化现象，做出正确的价值判断，形成正确的友谊观，理解友谊和法律的关系。同时，学生要通过了解、分析小说作者生平、写作风格、人物特点等推断小说结尾。另外，学生要学会熟练运用表达观点的句式陈述自己的观点，并围绕自己的观点有逻辑地陈述理由，在此过程中尝试使用定语从句。
		难点与突破措施	本单元话题（如网络交友、向朋友提出建议和反馈、平衡友谊与法律等）围绕友谊展开，与学生生活密切相关。学生面临的第一个难点在于准确表达自己对于网络交友利弊的看法，以及自己的交友观并陈述理由。第二个难点是学生要根据现有的小说情节和人物特点创造性地续写小说结尾。为了帮助学生克服这些困难，课堂上教师可以通过多样化教学活动，为学生做充分的词汇和语料准备。教师也可以在课前给学生

157

前端分析	分析学情	难点与突破措施	推荐与友谊相关的电影和小说，帮助学生建立起属于自己的语料库以及初步的友谊观。这样的方式不仅可以帮助学生学习语言知识与技能，还可以培养学生的思维习惯、行为方式和文化意识，并使学生将其迁移到日常生活中。
预期结果		A：获取什么	1.Acquisition of knowledge K1: Vocabulary and expressions related to friendship. K2: Features of argumentative essays. K3: Ways to help friends in need. 2.Acquisition of skill. S1: Make use of phrases & sayings to express opinions. S2: Analyse argumentative essays with skill. S3: Use less direct language to make suggestions.
		U：理解什么	U1: Ways of making friends have benefits and drawbacks. U2: Conflicts between friendship and law can be balanced. U3: Friendship can be valued in different culture.
		T：迁移什么	T1: Understand the meaning of friendship and its features of permanence, richness and conflict. T2: Form a proper outlook on friendship, making friends and values. T3: Grasp the structure and logic of argumentative essays and express opinions reasonably.

评估证据	维度		标准	证据	主体
	学习过程	问题意识	善于思考话题相关问题，敢于提出问题。	口头提问（√） 观察（√） 随机对话（√） 听力练习相关试题（√） 阅读理解相关试题（√） 围绕话题的对话（√） 写作相关试题（√） 语法练习试题（√） Speaking评价量表（√） Writing评价量表（√） 课堂对标目标的自评量表（√）	师评（√） 生自评（√） 生生互评（√） 师生互评（　） 其他：_____
		自主探究	能自主利用网络、图书馆等途径查找所需信息，完成规定任务。		
		合作分享	能明确任务分工并与同学互帮互助；能恰当表达自己的观点，并能认真倾听他人想法，接受不同观点。		

续　表

	维度		标准	证据	主体
评估证据	学习过程	合作分享		开放式问答题： 1. How do you solve problems in maintaining friendship? 2. How do you make a decision in the dilemma of friend-ship and law? 3. What is the true meaning of friendship?	
	学习结果	知识 A	1.能理解并使用新学词汇，如lose track of, maintain friendship, stay in touch with, social media tools, thanks to, the digital age, connect...with..., keep in mind, make one's fortune, ought to do, hear from, be worth it, turn up, turn to...for help。 2.能够在与友谊相关的主题语境中灵活运用that, which, who, whom, whose引导的限定性定语从句。 3.能够在语境中正确运用重点句型，如： 提出建议：What about...?/How about ...?/Why don't you...?/I was wondering... 陈述观点：in my opinion/ as far as I'm concerned/ in my view 反驳观点：I'm sorry, but I don't agree because... / I see your point, but ... / That's a good point, but... 4.能识别语篇类型、结构与特点，如诗歌、短文、食谱、小说、通知等。	
		技能	听力理解技能： 1.在听两位朋友对话的过程中，能抓住并记录对话中关于提建议和做评论的关键信息，获取Andy和Clara各自在提建议时的细节，理解他们的观点，以及中西方在给朋友提建议方面的异同。 2.在听的过程中，能通过"Flat matt..." "a life-sized card board cut out"等地道表达理解说话人想要传递的含义与喜剧表达效果。 口语表达技能： 1.能够在小组讨论后，自主且有逻辑地表述网络交友的利弊并陈述理由；	

续表

评估证据	学习结果	A	技能	2.能在教师指导下与同伴合作，口头描述自己与朋友相处过程中所产生的问题，表达自己对于友谊的态度，能描述事件发生、发展的过程以及朋友或友谊的特征； 3.能描述自己对友谊的定义和看法，并陈述理由。 **阅读理解技能：** 1.在阅读过程中，能判断作者对网络交友的态度，理解文章结构和内在逻辑关系，了解论说文的文体特征；能够联系生活实际，辩证地认识并评价网络交友的现象。 2.能明确小说中的人物特点，评价人物的行为，了解欧·亨利式结尾的特点，辩证地思考情与法的关系，推断语篇中的隐含意义。 3.能把握语篇中的时间顺序和过程顺序，如过去与现在交友方式的不同、20年前与20年后社会背景的变化。通过观察、比较和总结等手段，理解语篇之间的因果逻辑关系。 4.能在语境中理解具体词语的功能、词语的内涵和外延以及使用者的意图，如throw the baby out with bathwater，it's worth it if my old partner turns up，somehow I couldn't do it myself，so I went around and got a plain clothes man to do the job中词语的用法，以及其在反映情感态度和价值观中所起的作用。 **书面表达技能：** 1.通过分析文本，能归纳小说写作的基本结构、表达层次和动作描写特点，掌握人物、动作描写的常用词语和技巧，如各种情绪类副词、动词等。 2.能在书面表达中有条理地描述自己或他人的经历，为小说故事续写恰当的结尾（包含背景、角色和动作等），通过结尾的续写表达自己对于友谊的态度； 3.在写作过程中，能有意识地选择人物、事件描写的词语和特定的结构，如定语从句，恰当使用比喻、拟人等修辞手法，合理安排时间和空间的描写顺序，使所写的短文语句优美、逻辑顺畅。
		U		1.理解网络交友的利弊，提高网络交友辨别能力和自我保护意识。 2.辩证地思考情与法之间的关系，初步建立平衡情与法的意识。 3.理解友谊的永恒性、时代性、丰富性、冲突性、自我性。
		T		能运用本单元所学解决现实生活中或拟真情境中的实际问题。

主任务		子任务群	课时分配
活动规划	单元主任务：写一首以『友谊』为主题的诗	单元子任务1： （1）判断作者对网络交友的态度，理解文章结构和内在逻辑关系，了解论说文的文体特征。 （2）能在语境中理解具体词语的功能、词语的内涵和外延以及使用者的意图。	课时1
		单元子任务2： （1）能通过比较、分类和总结等手段，主动发现和概括定语从句中that，which，who的使用规律，并深刻理解关系代词的指代意义与异同。 （2）能恰当运用含有关系代词的定语从句描绘相关人物、事件，使句子或短文语言更简洁，意义逻辑更清晰。同时，可使用多模态语篇资源，以达到特殊的表达效果。	课时2
		单元子任务3： 在听对话的过程中，能抓住并记录对话中关于提建议和做评论的关键信息，以及关于提建议的事实性细节，理解说话者的观点，同时了解中西方在给朋友提建议方面的异同。	课时3
		单元子任务4： （1）把握语篇中的时间顺序和过程顺序，如过去与现在交友方式的不同、20年前与20年后社会背景的变化。通过观察、比较和总结等手段，理解语篇之间的逻辑关系。 （2）明确小说中的人物特点，评价人物的行为，了解欧·亨利式结尾的特点，辩证地思考情与法的关系，推断语篇中的隐含意义。 （3）归纳小说写作的基本结构、表达层次和动作的描写特点，掌握人物、动作描写的常用词语和技巧，如各种情绪类副词、动词等。	课时4
		单元子任务5： 在书面表达中，有条理地描述自己或他人的经历，为小说故事续写恰当的结尾（包含背景、角色和动作等），并通过结尾的续写表达自己对于友谊的情感态度。	课时5
		单元子任务6： 针对友谊以及友谊和其他社会关系的关系表达自己的看法，并能够有逻辑地陈述理由。	课时6

作业设计	单元Project作业	写一首以"友谊"为主题的诗。 （1）学生自主查询，并通过教师提供的范例，了解诗歌以下四方面的知识： | Structure	Language	Effect	Meaning
			| （2）学生自主构思。 （3）学生自主完成。 （4）小组讨论。 （5）课堂呈现（PPT、配乐、朗诵）
---	---	---

外研版必修第一册第四单元教材解读见表4-2-2。

表4-2-2　外研版必修第一册第四单元教材解读

板块	语篇类型	语篇内容	主题意义	大观念	思维路径	问题序列
Starting out	诗歌	孔子对友谊的经典论述，诗歌《友谊地久天长》。	友谊的永恒性是中西方文化中的共性。	友谊	maintain friendship ↓ balance friendship and law ↓	Q1: How do you solve problems in maintaining friendship? Q2: How do you make a decision in the dilemma of friendship and law?
Understanding ideas	议论文	探讨交友方式的改变和网上交友的利弊。	友谊的时代性、交友方式会随着时间变化而变化，思考如何安全进行在线交往。			

续 表

板块		语篇类型	语篇内容	主题意义	大观念	思维路径	问题序列
Using language	Grammar（定语从句）	记叙文	描述我的朋友；社团招新。	友谊的丰富性，明白朋友的内涵和外延，扩充描述友谊的词库，基于友谊的特征帮助朋友排忧解难。		understand friendship	Q3: What is the true meaning of friendship?
	Vocabulary	食谱	描述友谊的关键词及其含义。				
	Listening & Speaking	对话	为朋友提建议。				
Developing ideas		小说节选	欧·亨利的作品 *After Twenty Years*，主人公在约定的时间和地点等待重逢的场景。	友谊的冲突性，思考：什么样的朋友才是真正的朋友？			
Writing		读后续写	基于欧·亨利式的结尾，续写出人意料的结尾。	友谊的本质，友谊与法律的抉择。			
Presenting ideas		谚语	针对友谊的不同观点。	友谊的自我性，友谊之于我是什么样子。			
Project			友谊主题的诗歌。				

163

外研版必修第一册第四单元课时1教学逆向设计见表4-2-3。

表4-2-3　外研版必修第一册第四单元课时1教学逆向设计

单元主题	Book 1 Unit 4 Friends forever	课时名称	Starting out and Understanding ideas	课时类型	Reading
授课教师		授课班级		授课时间	

预期结果	A：获取什么	1.Vocabulary and expressions related to friendship. 2.Features of argumentative essays.			
	U：理解什么	Ways of making friends have benefits and drawbacks.			
	T：迁移什么	1.Understand the meaning of friendship and its features of permanence, richness and conflict. 2.Grasp the structure and logic of argumentative essays and express opinions reasonably.			

评估证据	维度		标准	证据	主体
	学习过程	问题意识	善于思考话题相关问题，敢于提出问题。	口头提问（√）观察（√）随机对话（　）听力练习相关试题（　）阅读理解相关试题（√）围绕话题的对话（√）写作相关试题（　）语法练习试题（　）Speaking评价量表（　）Writing评价量表（　）课堂对标目标的自评量表（√）	师评（√）生自评（√）生生互评（√）师生互评（　）其他：＿＿＿＿
		自主探究	能自主利用网络、图书馆等途径查找所需信息，完成规定任务。		
		合作分享	能明确任务分工并互帮互助；能恰当表达自己的观点，并能认真倾听他人想法，接受不同观点。		
	学习结果	A	1.Vocabulary and expressions related to friendship. 2.Features of argumentative essays.		

续 表

	维度		标准	证据	主体
评估 证据	学习结果	U	Ways of making friends have benefits and drawbacks.	开放式问答题(√) 1.What do you think of making friends online? 2.What is the mea-ning of friendship? 真实或拟真情境的表现性任务 ( ) 其他: _____	
		T	1.Understand the meaning of friendship and its features of permanence, richness and conflict. 2.Grasp the structure and logic of argumentative essays and express opinions reasonably.		
	任务		活动序列	设计意图	评估实施
课时 活动	1.判断作者对网络交友的态度,理解文章结构和内在逻辑关系,了解论说文的文体特征。 2.能在语境中理解具体词语的功能、词语的内涵和外延以及使用者的意图。		Activity 1: 1.教师自我介绍。 2.学生欣赏诗歌说唱。 3.学生回答问题: What is the poem about? 4.学生齐读学习目标	利用诗歌说唱引出主题,激发学生的学习兴趣,激活主题相关背景知识。	1.课堂口头提问☑ 2.课堂观察☑
			Activity 2: 学生思考并回答问题: How do you prefer to make new friends?	通过回答问题,引导学生关注交友方式的丰富性,并为引入阅读活动做铺垫。	课堂口头提问☑
			Activity 3: 学生观察文章标题并思考回答问题: What will the writer talk about in the passage?	通过观察标题和回答问题,引导学生预测文本内容,做好阅读前的知识和心理准备;同时培养学生通过标题、图片等信息预测文本信息的能力和习惯。	课堂口头提问☑

续 表

	任务	活动序列	设计意图	评估实施
课时活动		Activity 4 : 学生阅读并回答问题： 1.What changed our ways of making friends? 2.What does the writer think of making friends online?	通过阅读并回答问题，引导学生理解网络交友现象产生的背景和原因，并判断作者对网络交友的态度。	课堂口头提问☑
		Activity 5 : 1.学生阅读并完成图表。 2.学生在教师的引导下完成部分思维导图。	通过填写图表，引导学生分析并概括互联网交友的利弊；通过思维导图引导学生厘清文章结构。	1.阅读测试题☑ 2.课堂观察☑
		Activity 6 : 学生思考并回答问题： 1.What is the writer's conclusion? 2.Why does the writer use a slang in his conclusion? 3.How do we call this kind of argumentative skill? 4.What other quotes does the writer use in the passage? 5.What is the function of the circled expressions? 6.What other argume-ntative skills does the writer use? 7.What other argumentative skills can we use?	通过该活动，引导学生分析文章使用的论述技巧，以及其他常用的议论文论述技巧。	1.课堂口头提问☑ 2.课堂观察☑ 3.课堂随机对话☑
		Activity 7: 小组讨论，运用本节课所学发表观点	通过该活动，引导学生运用议论文论述技巧，辩	1.课堂口头提问☑ 2.课堂观察☑

续 表

	任务			活动序列	设计意图	评估实施
课时 活动				What do you think of making friends online?	证地评价网络交友。	3.课堂随机对话☑ 4.对开放式问题的回答☑ 5.口语评价量表☑
				Activity 8： 学生思考并回答问题： What is the meaning of friendship?	通过该活动，引导学生探究本节课的主题意义：友谊的永恒性、重要性和时代性，并逐步树立正确的交友观。	1.课堂口头提问☑ 2.课堂观察☑ 3.对开放式问题的回答☑ 4.课堂对目标的评价量表☑
				Activity 9: 学生自我评价本节课学习任务的达成度。	体现评价任务对于改进教学的推动作用。	对学习目标的自我评价量表☑
作业 设计	作业目标		A	1.Vocabulary and expressions related to friendship. 2.Features of argumentative essays.		
			U	Ways of making friends have benefits and drawbacks.		
			T	1. Understand the meaning of friendship and its features of permanence, richness and conflict. 2.Grasp the structure and logic of argumentative essays and express opinions reasonably.		
	作业形式			口头作业（　）　书面作业（√）　实践作业（　） 项目作业（　）　其他（　）		
	作业 内 容	课 前	基 础 性	必 做	Words preview: （1）Match the words with their definitions. （2）Complete the sentences with the correct form of the words in the word bank.

续 表

		课前	发展性	必做	Search for poems about friendship and organise the key points: （1）Ways to search; （2）Title of your favourite poem; （3）Content & meaning. （4）Your feeling.
作业设计	作业内容	课后	基础性	必做	1.Complete the article with correct form of words and expressions from the reading passages. The first letter of each word and expression has been given. 2.Make a conclusion of the useful expressions we have learnt and add more.
			发展性	必做	1.Writing: "The way to make friends". Write 1~2 sentences to fill in the mind map. 2.How do you prefer to make friends? Why do you think it's the best way to make friends? Please write a short essay to illustrate your opinion and your reasons.
			挑战性	选做	Learn a new writing structure（OREO）by yourself. Try to finish the writing map below, whose title is "Should we make friends online"? You can work with your partner.
	作业评价				学生自评（　）　小组互评（√） 教师评价（√）　其他（　）

外研版必修第一册第四单元课时2教学逆向设计见表4-2-4。

表4-2-4　外研版必修第一册第四单元课时2教学逆向设计

单元主题	Book 1 Unit 4 Friends forever	课时名称	Using language（1）	课时类型	Grammar
授课教师		授课班级		授课时间	
预期结果	A：获取什么		Vocabulary and expressions related to friendship.		
	U：理解什么		Friendship can be valued in different cultures.		

续 表

预期结果	T：迁移什么		Form a proper outlook on friendship, making friends and values.		
评估证据	维度		标准	证据	主体
	学习过程	问题意识	善于思考话题相关问题，敢于提出问题。	口头提问（√）观察（√）随机对话（√）听力练习相关试题（　）阅读理解相关试题（√）围绕话题的对话（√）写作相关试题（　）语法练习试题（　）Speaking评价量表（　）Writing评价量表（　）课堂对标目标的自评量表（√）开放式问答题：无真实或拟真情境的表现性任务（　）其他：_____	师评（√）生自评（√）生生互评（√）师生互评（　）其他：_____
		自主探究	能自主利用网络、图书馆等途径查找所需信息，完成规定任务。		
		合作分享	1.能明确任务分工并与同学互帮互助。2.能恰当表达自己的观点，并能认真倾听他人想法，接受不同观点。		
	学习结果	A	Vocabulary and expressions related to friendship.		
		U	Friendship can be valued in different cultures.		
		T	Form a proper outlook on friendship, making friends and values.		

续 表

	任务	活动序列	设计意图	评估实施
课时 活动	1.能通过比较、分类和总结等手段，主动发现和概括定语从句中that，which，who的使用规律，并深刻理解关系代词的指代意义与异同。 2.能恰当运用含有关系代词的定语从句描绘相关人物、事件，使句子或短文语言更简洁，逻辑性更强，并使用多模态语篇资源，以达到特殊的表达效果。	Activity 1： 1.向学生寻求帮助。 2.学生比较两组身份信息。 3.学生回答问题： Why is it easier to find Lucy by using Group B? 4.学生齐读学习目标。	通过创设语境，初步感知定语从句补充说明信息的功能，激发学习兴趣。	1.课堂口头提问☑ 2.课堂观察☑
		Activity 2： 学生在上一篇文章中寻找同类句型。	通过查找信息，帮助学生复习上一篇文章，认识到定语从句在文本中的广泛应用，并引出本节课所分析的内容。	课堂观察☑
		Activity 3： 学生观察两组句型并思考回答问题： 1.What does "that" refer to in sentence（a）? 2.What does "who" refer to in sentence（b）? 3.What is the difference between the two groups of sentences? 4.Why does the author choose to use sentences （a）and （b）in the reading passage? 5.What other words are used to introduce attributive clauses? What do they refer to?	通过对比两组句型，引导学生总结定语从句的其他功能，明确定义，同时激活学生初中所学相关关系词的知识。	1.课堂口头提问☑ 2.课堂观察☑ 3.课堂随机对话☑

	任务	活动序列	设计意图	评估实施
课时活动		Activity 4： 学生总结探究： Read the passage, underline the attributive clauses and explain them by using sentence patterns.	通过观察补充材料，分析从句结构，概括关系代词功能。	1.课堂口头提问☑ 2.课堂观察☑
		Activity 5： 学生自主运用关系代词合并简单句，并探究文段主旨。 Rewrite the underlined sentences with *that*, *which*, *who*, *whom* or *whose*.	1.通过合句练习检测学生对关系代词的运用。 2.通过分析文本内容，引发学生思考友谊的真谛。	1.课堂口头提问☑ 2.课堂观察☑ 3.语法练习试题☑
		Activity 6： 1.学生独立完成填空。 2.学生互相检查答案的完整性。	通过填空的方式，校对并检测学生对关系词功能记忆的全面性，同时提供深化友谊的方式。	1.课堂口头提问☑ 2.课堂观察☑ 3.语法练习试题☑
		Activity 7： 1.学生组内谈论自己想挽回的好友，语段中需要使用三个以上有关系代词的定语从句。 2.展示汇报：学生使用评价量表评价自己／他人的汇报。	通过运用定语从句描述自己的朋友，检测关系代词的内化情况。同时，通过引导学生思考自己有没有想要挽回的友谊、多年不联系的朋友，帮助他们认识到友谊的重要性。	1.课堂口头提问☑ 2.课堂观察☑ 3.课堂随机对话☑ 4.口语评价量表☑ 5.课堂对目标的评价量表☑

续 表

作业设计	作业目标		A	Vocabulary and expressions related to friendship.
			U	Friendship can be valued in different cultures.
			T	Form a proper outlook on friendship, making friends and values.
	作业形式			口头作业（√）　书面作业（√）　实践作业（　） 项目作业（　）　其他（　）
	作业内容	课前	基础性	必做	Watch a short video and finish the table.
			发展性	必做	Search for some passages or songs about friends or friendship and find out the attributive clauses in them.
		课后	基础性	必做	Complete the table according to what we learned today.
			发展性	必做	Rewrite the essay you wrote last period using attributive clauses.
			挑战性	选做	Watch a video *What is a friend?* then describe your best friend and one unforgettable story between you and your best friend.
	作业评价			学生自评（　）　小组互评（√） 教师评价（√）　其他（　）

外研版必修第一册第四单元课时3教学逆向设计见表4-2-5。

表4-2-5　外研版必修第一册第四单元课时3教学逆向设计

单元 主题	Book 1 Unit 4 Friends forever	课时 名称	Using language（2）	课时类型	Listening & Speaking
授课 教师		授课 班级		授课时间	
预期 结果	A：获取什么		1.Vocabulary and expressions related to friendship. 2.Ways to help friends in need. 3.Use less direct language to make suggestions.		

续 表

预期 结果	U：理解什么		Friendship can be valued in different cultures.		
	T：迁移什么		Form a proper outlook on friendship, making friends and values.		
评估 证据	维度		标准	证据	主体
	学习过程	问题 意识	善于思考话题相关问题，敢于提出问题。	口头提问（√） 观察（√） 随机对话（√） 听力练习相关试题（√） 阅读理解相关试题（ ） 围绕话题的对话（√） 写作相关试题（ ） 语法练习试题（ ）	师评（√） 生自评（√） 生生互评（√） 师生互评（ ） 其他：_____
		自主 探究	能自主利用网络、图书馆等途径查找所需信息，完成规定任务。		
		合作 分享	1.能明确任务分工并与同学互帮互助。 2.能恰当表达自己的观点，并能认真倾听他人想法，接受不同观点。		
	学习结果	A	1.Vocabulary and expressions related to friendship. 2.Ways to help friends in need. 3.Use less direct language to make suggestions.	Speaking评价量表（√） Writing评价量表（ ） 课堂对标目标的自评量表（√） 开放式问答题： 1.What are good friends like? 2.What is the true meaning of friendship?（√）	
		U	Friendship can be valued in different cultures.		
		T	Form a proper outlook on friendship, making friends and values.	真实或拟真情境的表现性任务（√） 其他：_____	

续 表

	任务	活动序列	设计意图	评估实施
课时活动	在听对话的过程中，能抓住并记录对话中关于提建议和做评论的关键信息，以及关于提建议的事实性细节，理解说话者的观点，同时了解中西方在给朋友提建议方面的异同。	Activity 1: 学生回答问题。 1.What is the title of the poem? 2.What are good friends like?	通过朗读诗歌，点明主题语境，引导学生进入上课的状态。语篇内容与上一节语法课相呼应，体现单元教学的一致性与整体性。	1.课堂口头提问 ☑ 2.课堂观察☑ 3.课堂随机对话 ☑ 4.对开放式问题的回答☑
		Activity 2: 学生搭配释义。 Students match the words with the dictionary entries on P56.	让学生学习并积累与好友、品质相关的词汇，为下一个活动——制作"友谊汤食谱"做铺垫。	1.课堂口头提问 ☑ 2.课堂观察☑
		Activity 3: 学生小组合作完成"友谊汤"的制作。 1.Choose about 8 "ingredients" into your friendship soup with your partner and explain why. 2.Work in groups to make a friendship recipe.	运用"友谊汤"部分所学的单词，在制作"友谊汤食谱"的过程中思考友谊的内涵。	1.课堂观察☑ 2.课堂对目标的评价量表☑
		Activity 4: 学生完成听前预测。 Make a prediction: What happened among these three friends?	培养学生的思维能力，为完成听力任务做好准备。	课堂口头提问☑
		Activity 5: 学生完成听力任务。 1.Listen and number the events. 2.Listen again and complete the chart.	帮助学生了解三位朋友之间的故事，帮助学生从听力材料中获取关于礼貌提建议和评论他人建议的表达方式。	1.课堂口头提问 ☑ 2.课堂观察☑ 3.听力练习相关试题☑

	任务	活动序列	设计意图	评估实施
课时 活动		Activity 6: 学生回答听后问题。 1.What "ingredients" can you find in their friendship soup? 2.What is the function of the words and expressions in red?	1.帮助学生复习"友谊汤"中的词语，同时进一步加深学生对友谊的认识。 2.帮助学生掌握提建议和评论的表达方式。	1.课堂口头提问☑ 2.课堂观察☑ 3.课堂随机对话☑
		Activity 7: 小组合作编对话。 Work in groups, think about a problem between you and your friends and make up a similar conversation.	在真实的语境中帮助学生解决友谊方面的问题，同时在此过程中让学生再次思考友谊的内涵。	1.课堂口头提问☑ 2.课堂观察☑ 3.课堂随机对话☑
		Activity 8: 学生谈论友谊的内涵。 What is the true meaning of friendship?	学生能够对本节课所学进行思考，加深对朋友和友谊的认知与理解。	1.课堂口头提问☑ 2.课堂观察☑ 3.对开放式问题的回答☑
作业 设计	作业目标	A	1.Vocabulary and expressions related to friendship. 2.Ways to help friends in need. 3.Use less direct language to make suggestions.	
		U	Friendship can be valued in different cultures.	
		T	Form a proper outlook on friendship, making friends and values.	
	作业形式	口头作业（√）　书面作业（√）　实践作业（√） 项目作业（　）　其他（　）		
	作业 内容	课前	基础性	必做	Read the dialogues with your partner and then find out some sentences from these dialogues.

作业设计	作业内容	课前	发展性	必做	Think about the questions. （1）What are good friends like?(use some words or attributive sentences to describe it) （2）What is the true meaning of friendship?

作业设计	作业内容	课后	基础性	必做	Match the words with the sentences(one word is extra)
			发展性	必做	Work in pairs and role-play the conversation.
			挑战性	选做	Imagine you are a psychology teacher, how do you create your consulting room? Please design a psychology consulting room in the school, and think about these aspects "environment, consultation content, service, the draft of your consulting room" and so on. Finish the following picture, and then give a simple presentation to introduce it.

作业评价	学生自评（ ）　　小组互评（√） 教师评价（√）　　其他（ ）

外研版必修第一册第四单元课时4教学逆向设计见表4-2-6。

表4-2-6　外研版必修第一册第四单元课时4教学逆向设计

单元主题	Book 1 Unit 4 Friends forever	课时名称	Developing ideas（1）	课时类型	Reading
授课教师		授课班级		授课时间	
预期结果	A：获取什么	Vocabulary and expressions related to friendship.			
	U：理解什么	Conflicts between friendship and law can be balanced.			
	T：迁移什么	1.Understand the meaning of friendship and its features of permanence, richness and conflict. 2.Form a proper outlook on friendship, making friends and values.			

续 表

	维度		标准	证据	主体
评估证据	学习过程	问题意识	善于思考话题相关问题，敢于提出问题。	口头提问（√） 观察（√） 随机对话（√） 听力练习相关试题（ ） 阅读理解相关试题（√） 围绕话题的对话（√） 写作相关试题（ ） 语法练习试题（ ） Speaking评价量表（ ） Writing评价量表（ ） 课堂对标目标的自评量表（√） 开放式问答题：How do you think Bob would react when he read the note? 真实或拟真情境的表现性任务（√） 其他：_____	师评（√） 生自评（√） 生生互评（√） 师生互评（ ） 其他：_____
		自主探究	能自主利用网络、图书馆等途径查找所需信息，完成规定任务。		
		合作分享	能明确任务分工并与同学互帮互助；能恰当表达自己的观点，并能认真倾听他人想法，接受不同观点。		
	学习结果	A	Vocabulary and expressions related to friendship.		
		U	Conflicts between friendship and law can be balanced.		
		T	1.Understand the meaning of friendship and its features of permanence, richness and conflict. 2.Form a proper outlook on friendship, making friends and values.		

续 表

	任务	活动序列	设计意图	评估实施
课时活动	1.把握语篇中的时间顺序和过程，如：过去与现在交友方式的不同、20年前与20年后社会背景的变化。通过观察、比较和总结等手段，理解语篇之间的因果逻辑关系。 2.明确小说中的人物特点，评价人物的行为，了解欧·亨利式结尾的特点，辩证地思考情与法的关系，推断语篇中的隐含意义。 3.归纳小说写作的基本结构、表达层次和动作描写特点，掌握人物、动作描写的常用词语和技巧，如各种情绪类副词、动词等。	Activity 1： 学生完成预测。 Students will pay attention to the layout, the two men in the picture and the title, and try to make predictions.	通过教材图片，带领学生进行预测，引出故事的"5W"，激发学生的学习兴趣，为活动一的引入做好铺垫。	1.课堂口头提问☑ 2.课堂观察☑
		Activity 2： 学生读引言并核查预测是否正确。 Students will get the information about *when*, *where*, *who*, *what*, *why* in this story from the introduction part.	通过阅读引言部分，帮助学生了解小说背景与人物，检测学生预测情况。	课堂观察☑
		Activity 3： 学生阅读文章并完成阅读任务。 1.Answer the question: Why is the man standing outside the shop? 2.Put the actions into the story mountain in the right order.	通过全文阅读，找出人物等待的原因，完成对于故事基本三要素的总结，通过"故事山"梳理情节发展。	1.课堂口头提问☑ 2.课堂观察☑ 3.阅读理解相关试题☑
		Activity 4： 学生总结人物特点。 The teacher will set an example for students first, and then the students will be divided into different groups to find evidence in Paragraph 1 and Paragraph 3 to analyse characters' personality traits.	学生通过关注动词、人物话语，培养获取关键信息的能力以及基本的推断能力，同时为之后的语言输出奠定基础。	1.课堂口头提问☑ 2.课堂观察☑ 3.课堂随机对话☑ 4.课堂对目标的评价量表☑

续 表

	任务	活动序列	设计意图	评估实施
课时活动		Activity 5： 学生预测结局。 The students will think of a possible ending for this story with the help of two questions and the personality traits they found.	通过对人物的分析，判断人物结局，为下部分讨论人物选择的正确性埋下伏笔。	1.课堂口头提问☑ 2.课堂观察☑ 3.课堂随机对话☑ 4.课堂对目标的评价量表☑
		Activity 6： 学生阅读小说结尾并完成阅读任务。 The students will read the original ending and answer two questions： （1）Did Jimmy turn up as promised? （2）Why didn't Jimmy arrest Bob by himself?	通过带领学生分析原著结局，提出关于对Jimmy做法的讨论，引导学生思考在情与法冲突时，可以采用合适的办法解决冲突。	1.课堂口头提问☑ 2.课堂观察☑ 3.阅读理解相关试题☑ 4.对开放式问题的回答☑
		Activity 7： 小组讨论探究、思考并分享。 The students will answer the two questions： （1）Do you think that Jimmy did the right thing? Why or why not? （2）How do you think Bob would react when he read the note?	通过小组讨论，回答问题，得出本文主题：在情与法的两难中，一方面需要坚守责任，同时需要使用合适的方式来解决冲突；另一方面需要理解朋友的选择。	1.课堂口头提问☑ 2.课堂观察☑ 3.课堂随机对话☑
		Activity 8： 学生结合实际生活谈论与主题相关的经历。 The students will share their stories about the conflicts between duty and friendship in their daily life.	通过对文本的学习，引导学生联系自己生活中友谊与责任发生冲突的情况，发展学生的批判性思维。	1.课堂口头提问☑ 2.真实或拟真情境的表现性任务☑

续 表

	任务		活动序列	设计意图	评估实施
课时活动			Activity 9： Summary & Homework	通过对文本的学习，总结文本主题：在友谊和责任冲突时，不仅要做出正确选择，更应该采取合适的方式保持友谊	1.课堂观察☑ 2.课堂对目标的评价量表☑
作业设计	作业目标		A	Vocabulary and expressions related to friendship.		
			U	Conflicts between friendship and law can be balanced.		
			T	1.Understand the meaning of friendship and its features of permanence, richness and conflict. 2.Form a proper outlook on friendship, making friends and values.		
	作业形式			口头作业（√）　书面作业（√）　实践作业（√） 项目作业（　）　其他（　）		
	作业内容	课前	基础性	必做	1.Match the words with their definitions. 2.Match the sentences with the correct form of the expressions in the box.（one word is extra）	
			发展性	必做	Search for information about O. Henry and design a card according to what you got. （1）Name. （2）Pen name. （3）Nationality. （4）Representative works. （5）Writing characteristics.	
		课后	基础性	必做	Read Hal and Jim's story, draw your own story mountain to make the story clear and complete the table.	

作业设计	作业内容	课后	发展性	必做	Read Hal and Jim's story, draw your own story mountain to make the story clear and complete the table
			挑战性	选做	Have a speech on law and friendship.
	作业评价				学生自评（√）　　小组互评（√） 教师评价（√）　　其他（　　）

外研版必修第一册第四单元课时5教学逆向设计见表4-2-7。

表4-2-7　外研版必修第一册第四单元课时5教学逆向设计

单元主题	Book 1 Unit 4 Friends forever		课时名称	Developing ideas（2）		课时类型		Writing
授课教师			授课班级			授课时间		
预期结果	A：获取什么			Vocabulary and expressions related to friendship.				
	U：理解什么			Conflicts between friendship and law can be balanced.				
	T：迁移什么			1.Understand the meaning of friendship and its features of permanence, richness and conflict. 2.Form a proper outlook on friendship, making friends and values.				
评估证据	维度			标准		证据		主体
	学习过程		问题意识	善于思考话题相关问题，敢于提出问题		口头提问（√） 观察（√） 随机对话（√） 听力练习相关试题（　　） 阅读理解相关试题（√）		师评（√） 生自评（√） 生生互评（√） 师生互评（　　） 其他：_____
			自主探究	能自主利用网络、图书馆等途径查找所需信息，完成规定任务。				

续 表

	维度		标准	证据	主体
评估证据	学习过程	合作分享	能明确任务分工并与同学互帮互助；能恰当表达自己的观点，并能认真倾听他人想法，接受不同观点。	围绕话题的对话（　） 写作相关试题（　） 语法练习试题（　） Speaking评价量表（√） Writing评价量表（√） 课堂对标目标的自评量表（√） 开放式问答题： What helps Bob and Jimmy's friendship last so long? 真实或拟真情境的表现性任务（　） 其他：＿＿＿＿	
	学习结果	A	Vocabulary and expressions related to friendship.		
		U	Conflicts between friendship and law can be balanced.		
		T	1.Understand the meaning of friendship and its features of permanence, richness and conflict. 2.Form a proper outlook on friendship, making friends and values.		

	任务	活动序列	设计意图	评估实施
课时活动	在书面表达中，有条理地描述自己或他人的经历，为小说故事续写恰当的结尾（包含背景、角色和动作等要素），通过结尾的续写表达自己对友谊的态度。	Activity 1： 学生回顾故事并预测结尾。 1.Students watch a video to review *After Twenty Years*. 2.Students guess what will happen after Bob was released from the jail, and work in groups to find out possible stories based on four questions: Who will meet Bob? What will they do? Why will they do that? How will Bob feel?	以视频的形式帮助学生回顾故事情节，吸引学生的注意力，让学生从故事几大要素的方向猜测故事结尾，为接下来学生分组完成故事结尾创作做准备。	1.课堂口头提问☑ 2.课堂观察☑

续 表

	任务	活动序列	设计意图	评估实施
课时 活动		Activity 2： 学生阅读文章完成读后任务。 1.The teacher introduces a model essay. 2.Work in groups to read the passage and finish the tasks. （1）Identify and grasp expressions about actions and feelings in the passage. （2）Talk about what they have learned in the story and figure out the theme. （3）Summarise the elements of a story. （4）Think about what kind of ending it is, and whether they like it or not.	通过阅读故事结尾范文，完成任务，帮助学生进一步深入理解人物性格特点及作者写作风格。	1.课堂口头提问☑ 2.课堂观察☑ 3.阅读理解相关试题☑
		Activity 3： 学生小组讨论并创作故事结尾。 Students work in groups and create an ending for Bob and Jimmy's story.	小组合作，既可以增强学生的创作兴趣，又能让学生之间产生想法的碰撞，会使创作效果更好。	课堂观察☑
		Activity 4： 学生小组之间分享，互评并展示。 1.Students exchange their works and check whether the writing is satisfying or not, and give their comments. 2.Students show their writings and gives comments in the class.	学生通过对自主创作的故事结尾的分享以及与同学互评，进一步体会小说之美，感受友谊的重要性，树立平衡情与法的意识。	1.课堂观察☑ 2.Speaking评价量表☑ 3.Writing评价量表☑ 4.课堂对目标的评价量表☑

	任务	活动序列	设计意图	评估实施
课时 活动		Activity 5： 学生思考并回答问题。 What helps Bob and Jimmy's friendship last so long?	通过问题的思考，引导学生加深对友谊的认识，进一步感受友谊的重要性，树立平衡情与法的意识。	1.课堂口头提问 ☑ 2.课堂观察☑ 3.课堂对目标的评价量表☑

作业 设计	作业目标	A	Vocabulary and expressions related to friendship：	
		U	Conflicts between friendship and law can be balanced：	
		T	1.Understand the meaning of friendship and its features of permanence, richness and conflict. 2.Form a proper outlook on friendship, making friends and values.	
	作业形式		口头作业（√）　书面作业（√）　实践作业（　） 项目作业（　）　其他（　）	
	作业内容	课前	基础性	必做	Collect more adjectives and verbs to describe characters, settings, and actions.
			发展性	必做	Think and answer: What helps Bob and Jimmy's friendship last so long?
		课后	基础性	必做	Reread the story yesterday and then finish the following table.
			发展性	必做	Design your ending.
			挑战性	选做	Work in groups and act out the story *After Twenty Years* based on the ending created by your group members.
	作业评价		学生自评（√）　小组互评（√） 教师评价（√）　其他（　）	

外研版必修第一册第四单元课时6教学逆向设计见表4-2-8。

表4-2-8　外研版必修第一册第四单元课时6教学逆向设计

单元主题	Book 1 Unit 4 Friends forever	课时名称	Presenting ideas	课时类型	Speaking
授课教师		授课班级		授课时间	
预期结果	A：获取什么		1.Vocabulary and expressions related to friendship. 2.Make use of phrases & sayings to express opinions.		
	U：理解什么		1.Ways of making friends have benefits and drawbacks. 2.Friendship can be valued in different cultures.		
	T：迁移什么		1.Understand the meaning of friendship and its features of permanence, richness and conflict. 2.Form a proper outlook on friendship, making friends and values.		
评估证据	维度		标准	证据	主体
	学习过程	问题意识	善于思考话题相关问题，敢于提出问题。	口头提问（√） 观察（√） 随机对话（　） 听力练习相关试题（　） 阅读理解相关试题（　） 围绕话题的对话（　） 写作相关试题（　） 语法练习试题（　） Speaking评价量表（√） Writing评价量表（　）	师评（√） 生自评（　） 生生互评（√） 师生互评（　） 其他：_____
		自主探究	能自主利用网络、图书馆等途径查找所需信息，完成规定任务。		
		合作分享	能明确任务分工并与同学互帮互助；能恰当表达自己的观点，并能认真倾听他人想法，接受不同观点。		
	学习结果	A	Vocabulary and expressions related to friendship		
		U	1.Ways of making friends have benefits and drawbacks. 2.Friendship can be valued in different cultures.		

	维度		标准	证据	主体
评估证据	学习结果	T	1.Understand the meaning of friendship and its features of permanence, richness and conflict. 2.Form a proper outlook on friendship, making friends and values.	课堂对标目标的自评量表（√）开放式问答题: 1.What are good friends like? 2.What is the true meaning of a friend? 真实或拟真情境的表现性任务。（ ） 其他:_____	

	任务	活动序列	设计意图	评估实施
课时活动	针对友谊表达自己的看法，能够有逻辑地陈述理由。	Activity 1: 1.学生复习本单元主要内容。 2.诠释朋友分类。 3.回忆朋友品质。 （1）What are good friends like? （2）What is the true meaning of a friend?	复习本单元所学语言知识，帮助学生为接下来的口头观点表述和理由陈述做好充分准备。	1.课堂口头提问☑ 2.课堂观察☑ 3.对开放式问题的回答☑ 4.课堂对目标的评价量表☑
		Activity 2: 学生表达观点并陈述理由。 1.Read the points of views about friendship. Decide which one you agree with. 2.Think of reasons to support your opinion and make notes.	通过思考形成正确的交友观，进一步理解友谊的丰富性。	1.课堂观察☑ 2.Speaking评价量表☑ 3.课堂对目标的评价量表☑
		Activity 3: 分小组辩论。 1.Team up with a group with the opposite opinion and hold debate. 2.Give moments on class-mates' debate.	引导学生有逻辑地陈述并辩论自己的观点。	1.课堂观察☑ 2.Speaking评价量表☑ 3.课堂对目标的评价量表☑

	任务	活动序列	设计意图	评估实施
课时活动		Activity 4: 1.评价课堂表现； 2.总结单元主题。	引导学生进一步加深对友谊的理解，并升华单元主题	课堂对目标的评价量表☑
作业设计	作业目标	A	1.Vocabulary and expressions related to friendship. 2.Make use of phrases & sayings to express opinions.	
		U	1.Ways of making friends have benefits and drawbacks. 2.Friendship can be valued in different cultures.	
		T	1.Understand the meaning of friendship and its features of permanence, richness and conflict. 2.Form a proper outlook on friendship, making friends and values.	
	作业形式	口头作业（√）　书面作业（　）　实践作业（　） 项目作业（　）　其他（　）		
	作业内容	课前 基础性 必做	Collect some sayings about friendship.	
		课前 发展性 必做	Choose one of the sayings and talk about your opinions on it and the reasons.	
		课后 基础性 必做	Draw a mind map of what you have learnt in this unit.	
		课后 发展性 必做	Write a short passage to present your ideas about friendship.	
		课后 挑战性 选做	Write a poem about friendship.	
	作业评价	学生自评（　）　小组互评（√） 教师评价（√）　其他（　）		

二、外研版必修第二册第二单元整体教学逆向设计

外研版必修第二册第二单元整体教学逆向设计见表4-2-9。

表4-2-9　外研版必修第二册第二单元整体教学逆向设计

教材版本	外研版	单元 名称	Book 2 Unit 2 Let's celebrate!	单元 主题	节日庆祝
单元课时	6	授课 班级		授课 教师	

前端分析	研读课标	明确单元核心素养	1.语言能力 （1）能够理解与节日有关的语篇内容。 （2）能够听懂并谈论与节日相关的话题。 （3）能够恰当运用情态动词表推测。 （4）能表达对某种节日现象的观点。 2.文化意识 （1）能够了解中外不同的节日文化。 （2）能了解中国文化走向世界的事实。 （3）能增强国家认同感，主动弘扬中华优秀传统文化。 3.思维品质 （1）能够辨析不同节日的意义和内涵。 （2）能深入理解文本内容，并联系实际，创造新的节日庆祝方式。 4.学习能力 （1）能够通过了解各国节日，激发自身学习兴趣。 （2）能够从多渠道获取英语学习资源。 （3）能够选择恰当的策略与方法，监控、评价、反思和调整自己的学习内容和进程。
		分析课程六要素	1.主题语境 本单元的主题语境是"人与社会"，涉及的主题语境内容是中外节日。本单元介绍了世界各地的节日，其中包括与圣诞节有关的文学作品，探讨了中国年夜饭随时代变迁而发生的变化、中外传统节日的庆祝方式以及中国春节的国际化等话题，旨在帮助学生更好地理解中外节日的意义和内涵，引导学生初步思考传统节日的演变与传播，从而增强学生国家认同感和文化传播意识。 2.语篇类型 本单元语篇类型：主语篇1为书评，课文介绍了英国作家托尔金（Tolkien）的*Letters from Father Christmas*，其内容主要讲述了作者在

续 表

前端分析	研读课标	分析课程六要素	圣诞节以圣诞老人的口吻给他的孩子写信的故事，体现了作者对孩子们深沉的父爱。本篇文章在形式上是指导学生学写书评的范式性文章。主语篇2为专栏文章，课文由两封读者来信构成，针对在哪里吃年夜饭表达了不同的观点，引发学生对传统习俗变化的思考。主语篇3为报刊社论，主要介绍中国春节国际化这一现象，引导学生思考现象背后的原因，并发表自己的看法。本篇文章形式上是给编辑的一封信，引导学生初步掌握书信体的写作特点。 3.语言技能 （1）听：能听懂并谈论与节日相关的话题。 （2）说：能够表达自己对某种节日现象的观点。 （3）读：能够读懂并理解与节日相关的文章内容。 （4）写：能恰当地使用情态动词表推测。 （5）看：能看懂与节日相关的海报和信息。 4.语言知识 （1）表达：节日庆祝类的词句表达、观点和态度的表达等。 （2）语法：情态动词表推测。 （3）语篇：书评、投稿、现象观点类文章的语篇结构和词句表达。 （4）语用：条理清楚地将观点类表达运用到实际情境中，如in my opinion, as far as I'm concerned, in my view，for me，it's not only... but also..., I hope... 5.文化知识 能够了解中外不同的节日及其庆祝特点，了解文化差异，并传播中华优秀传统文化。通过了解中国传统文化的国际化事实，增强国家认同感，主动传播和弘扬中华优秀传统文化，增强社会责任感。 6.学习策略 （1）认知策略。 能够通过了解各国的节日，激发英语学习的兴趣，多渠道获取英语学习的资源。 （2）元认知策略。 能对自己的节日认知情况进行评价、反思，调整自己的学习内容和进程，从而更好地管理学习过程。 （3）交际策略。 在节日庆祝活动中，学会礼貌地发出邀请和接受邀请。 （4）情感策略。 能够主动传播和弘扬中华优秀传统文化，增强社会责任感。

<table>
<tr><td rowspan="15">前端分析</td><td rowspan="15">研读课标</td><td rowspan="15">依据学业质量标准</td><td colspan="2">高中英语学业质量水平一</td></tr>
<tr><td>序号</td><td>质量描述</td></tr>
<tr><td>1-1</td><td>在听的过程中，能抓住日常生活语篇的大意，获取主要事实、观点和文化背景。</td></tr>
<tr><td>1-2</td><td>能根据重音、语调、节奏的变化，理解说话人所表达的意义、意图和情感态度。</td></tr>
<tr><td>1-3</td><td>在听的过程中，能注意到图片、符号、表格、动画、流程图等传递的信息。</td></tr>
<tr><td>1-4</td><td>能简要地口头描述自己或他人的经历，表达观点并举例说明。</td></tr>
<tr><td>1-5</td><td>能口头介绍中外主要节日等的文化传统和文化背景。</td></tr>
<tr><td>1-6</td><td>在口头表达中，能根据交际场合和交际对象的身份，选择恰当的语言形式（如正式或非正式、直接或委婉的表达方式），表达意义、意图和情感态度；能借助手势、表情、图表、图示等非语言手段提升表达效果。</td></tr>
<tr><td>1-7</td><td>能通过重音、语调、节奏的变化，表达特殊的意义、意图和情感态度。</td></tr>
<tr><td>1-8</td><td>能通过重复、解释、提问等方式，克服交际中的语言障碍，保持交际的顺畅。</td></tr>
<tr><td>1-9</td><td>能通过读与看，抓住日常生活语篇的大意，获取其中的主要信息、观点和文化背景；能借助多模态语篇中的非文字资源，理解语篇的意义。</td></tr>
<tr><td>1-10</td><td>能区分语篇中的主要事实与观点；能基于所读和所看内容，进行推断、比较、分析和概括。</td></tr>
<tr><td>1-11</td><td>能识别语篇的类型和结构，辨识和分析语篇的文本特征及衔接手段，识别语篇为传递意义而选用的主要词汇和语法结构。</td></tr>
<tr><td>1-12</td><td>能识别语篇直接陈述的情感态度、价值观和社会文化现象。</td></tr>
<tr><td>1-13</td><td>能以书面形式简要描述自己或他人的经历，表达观点并举例说明；能介绍中外主要节日和中华优秀传统文化；书面表达中所用的词汇和语法结构能够表达主要意思。</td></tr>
<tr><td>1-14</td><td>能运用语篇的衔接手段构建书面语篇、表达意义，体现意义的逻辑关联性；能借助多模态语篇资源提升表达效果。</td></tr>
</table>

续 表

前端分析	解读教材	提炼语篇主题意义	节日庆祝的原因和意义、庆祝形式与发展创新。
		建构单元大观念	珍惜节日、传播文化。
		形成问题序列链	Q1: What are the differences between Chinese and foreign festivals and why are they different? Q2: What are the meanings of celebrating traditional festivals? Q3: What are the celebrations of a festival? Q4: Why do people value traditions and change the form of them at the same time? Q5: Why should we respect other countries' customs and cultures?
	分析学情	已知与个性特点	1.初步了解中外的常见节日，如圣诞节、感恩节。 2.初步理解节日的特点和庆祝方式。 3.初步理解并分类演绎中外节日在文化差异上的体现。
		未知与需求兴趣	1.不常见节日（如黑色星期五）以及文化差异带来的认知障碍。 2.辨析不同节日的意义和内涵，掌握节日庆祝的表达方式。 3.理解节日背后所蕴含的文化意义与社会现象。
		难点与突破措施	1.单元初预习学案（做好词汇的铺垫）。 2.陌生内容先铺垫（做好语料的铺垫）。 3.抽象内容具体化。 4.绘制单元思维导图。
预期结果	A：获取什么		1.Acquisition of knowledge K1: Vocabulary and expressions related to festival celebrations names, date, etc. K2: The use and differences of *must, might/may, could/can*. K3: Expressions of extending and accepting invitations. K4: Useful expressions of writing a letter to express ideas and spread Chinese culture.

191

续 表

预期结果		2.Acquisition of skills S1: Using the target language to talk about a certain festival. S2: Using modals to express different tones of a speech. S3: Extending and accepting an invitation appropriately. S4: Grasping the reading skills in a book review. S5: Writing in proper use of expressions to express ideas.		
	U：理解什么	U1: Traditional festivals(like Christmas) may have new meanings. U2: Respect different customs in different countries. U3: Cultural phenomena and traditions change over time.		
	T：迁移什么	T1: Create a special day and state the reasons to create it. T2: Raise the awareness of cherishing special days. T3: Enhance the sense of national identity and social responsibility by taking the initiative to promote and spread the excellent Chinese culture.		

	维度		标准	证据	主体
评估证据	学习过程	问题意识	善于思考话题相关问题，敢于提出问题。	口头提问（√） 观察（√） 随机对话（√） 听力练习相关试题（√） 阅读理解相关试题（√） 围绕话题的对话（√） 写作相关试题（√） 语法练习试题（√） Speaking评价量表（√） Writing评价量表（√） 课堂对标目标的自评量表（√） 开放式问答题： 1.What are the differences between Chinese and foreign festivals and why are they different? 2.What are the meanings of celebrating traditional festivals?	师评（√） 生自评（√） 生生互评（√） 师生互评（　） 其他：_____
		自主探究	能自主利用网络、图书馆等途径查找所需信息，完成规定任务。		
		合作分享	能明确任务分工并与同学互帮互助；能恰当表达自己的观点，并认真倾听他人想法，接受不同观点。		

续 表

	维度		标准	证据	主体
评估证据	学习过程			3.What are the celebrations of a festival? 4.Why do people value traditions and change the form of them at the same time? 5.Why should we respect other countries' customs and cultures?	
	学习结果	A	知识	1.能理解并使用新学词语。 2.能识别语篇类型、结构与特点，如书评、专栏文章、说明文等。	
			技能	听力理解技能： 1.能基于已知信息预测相关内容。 2.能听懂与节日邀请相关的内容。 3.能理解主题，区分事实与观点，抓取并记录关键信息。 口语表达技能： 1.能准确发音，语调自然，恰当停顿。 2.能运用恰当的表达方式进行课堂演讲。 3.能使用丰富的词语和正确的语法结构进行表达。 阅读理解技能： 1.能读懂书评、专栏文章、说明文等语篇类型，分析其特点，理解篇章的主要内容和写作意图。 2.能通过略读获取篇章大意，能通过精读获取篇章具体细节信息。 3.能借助笔记、图表、思维导图等深化对单元主题的理解。 书面表达技能： 1.能基于要点和组织结构，使用恰当的语言形式描述春节的庆祝特点。 2.能完整涵盖要点，清楚表达意义。 3.能检查、调整、修改语言、语篇内容和文章结构等。	

评估证据	学习结果	U	1.能归纳主旨大意，提炼主题思想，理解文化内涵。 2.能分析语句特点，归纳情态动词表推测的用法及表意功能。 3.能辨析事实与观点。	
		T	能运用本单元所学解决现实生活中或拟真情境中的实际问题。	
活动规划	主任务		**子任务群**	**课时分配**
	单元主任务：创造一个新节日的海报		单元子任务1： 1.激活背景知识，了解四季中不同节日的庆祝活动。 2.理解圣诞节所蕴含的文化意义与社会现象，感知不同节日的意义和内涵。	课时1
			单元子任务2： 1.掌握情态动词表推测的用法。 2.了解西方购物节（如黑色星期五）、感恩节的庆祝方式。	课时2~3
			单元子任务3： 1.辨析观点与事实的表达。 2.深入思考春节年夜饭的庆祝方式背后所蕴含的文化意义与社会现象。	课时4
			单元子任务4： 1.掌握"现象—原因—个人感受"的三段式写作方法。 2.更加深入地思考春节国际化背后所蕴含的文化意义与社会现象。	课时5
			单元子任务5： 1.能够创立一个重要节日，阐述庆祝日期和庆祝原因，并设计节日庆祝形式。 2.收集中外节日类型，制作节日海报，以思维导图的形式概括本单元所学内容。	课时6
作业设计	单元Project作业		1.小组合作完成一份有关创新节日的海报。 2.完成单元知识图谱。 3.完成单元话题阅读补充材料作业。	

表4-2-10　外研版必修二第二单元教材解读详表

语篇		语篇类型	语篇内容	主题意义	大观念	思维路径	问题序列
Starting out		视频	不同季节的节日、庆祝原因。	感知节日庆祝的类型，激活节日话题。	珍惜节日，传播文化。	感知 ↓ 理解 ↓ 探究 ↓ 创新 ↓ 总结	Q1: What are the differences between Chinese and foreign festivals and why are they different? Q2: What are the meanings of celebrating traditional festivals? Q3: What are the celebrations of a festival? Q4: Why do people value traditions and change the form of them at the same time? Q5: Why should we respect other countries' customs and cultures?
Understanding ideas		书评	假扮圣诞老人给孩子写信。	初步了解圣诞节的意义，理解不同节日的意义和内涵。			
Using language	Modals	对话	化装舞会、黑色星期五。	1.用情态动词表推测的知识来描述中外节日庆祝的方式。 2.用英语就中外节日活动礼貌地发出邀请和接受邀请。			
	Lantern Festival celebrations	对话泡泡思维导图	元宵节庆祝方式及表达。				
	A festival invitation	对话	感恩节活动及邀请、安排。				
Developing ideas	Reading	专栏文章	吃年夜饭，在家团聚的习俗是否应该改变。	1.辩证地分析时代变迁对春节庆祝方式的影响。 2.领悟中国春节文化的传播，树立传统文化价值观。			
	Writing	说明文	中国春节正走向世界。				

语篇	语篇类型	语篇内容	主题意义	大观念	思维路径	问题序列
Presenting ideas	书面、口头	自主创立一个新节日。	结合时代背景，探讨并创立新的节日，领悟小节日大意义。			
Project	书面、口头	制作节日海报。	总结中外主要的节日，感受节日文化差异，增强文化意识。			

外研版必修第二册第二单元课时1教学逆向设计见表4-2-11。

表4-2-11 外研版必修第二册第二单元课时1教学逆向设计

单元主题	Book 2 Unit 2 Let's celebrate!	课时名称	Starting out and Understanding ideas	课时类型	Reading
授课教师		授课班级		授课时间	40mins
预期结果	A：获取什么		Know some vocabulary and expressions related to different types of festivals and understand different festival cultures.		
	U：理解什么		Understand the characteristics of book review articles and explain the meaning of the title accurately.		
	T：迁移什么		Deepen their understanding of the meaning of the festival by understanding the spirit of giving.		
评估证据	维度		标准	证据	主体
	学习过程	问题意识	善于思考话题相关问题，敢于提出问题。	口头提问（√）观察（√）随机对话（√）听力练习相关试题（　）	师评（√）生自评（√）生生互评（√）师生互评（　）其他：_____

续 表

	维度		标准	证据	主体
评估证据	学习过程	自主探究	能自主利用网络、图书馆等途径查找所需信息，完成规定任务。	阅读理解相关试题（√） 围绕话题的对话（√） 写作相关试题（　） 语法练习试题（　） Speaking评价量表（√） Writing评价量表（　） 课堂对标目标的自评量表（√） 开放式问答题： 1.What kind of true spirit can we learn from the book *Letters from Father Christmas*? 2.Who may be most interested in the book *Letters from Father Christmas*? Give reasons and share them with the class. 真实或拟真情境的表现性任务（　） 其他：_____	
		合作分享	1.能明确任务分工并与同学互帮互助。 2.能恰当表达自己的观点，并认真倾听他人想法，接受不同观点。		
	学习结果	A	1.Vocabulary and expressions related to festival. 2.Features of a book review.		
		U	Understand the characteristics of book review articles and explain the meaning of the title accurately.		
		T	Deepen their understanding of the meaning of the festival by understanding the spirit of giving.		

	任务	活动序列	设计意图	评估实施
课时活动	1. 激活已有知识，了解四季中不同节日的庆祝活动。2. 理解圣诞节所蕴含的文化意义与社会现象，感知不同节日的意义和内涵。	Activity 1： 看视频了解四季中不同的节日以及庆祝节日的原因。 1.What festivals are mentioned in the video? 2.Why do people celebrate these festivals?	利用视频材料引出话题，激发学生的学习兴趣，激活学生已有的与主题相关的知识。	1.课堂口头提问 ☑ 2.课堂观察☑ 3.课堂随机对话 ☑
		Activity 2： 学生思考并回答问题。 1.Why did Tolkien write these letters? 2.What stories are included in *Letters from Father Christmas*?	通过对问题的回答，引导学生关注文本内容。	1.课堂口头提问 ☑ 2.课堂观察☑ 3.课堂随机对话 ☑
		Activity 3： 学生观察文章标题并思考回答问题。 Which of the sentences best explains the title of the passage?	通过对标题的观察和对问题的回答，引导学生预测文本内容，做好阅读前的知识和心理准备，同时培养学生通过标题、图片等信息预测文本信息的能力和习惯。	1.课堂口头提问 ☑ 2.课堂观察☑ 3.课堂随机对话 ☑
		Activity 4： 学生阅读并回答问题。 1.What kind of true spirit can we learn from the book *Letters from Father Christmas*? 2.What kind of father do you think J. R. R.Tolkien is?	通过阅读并回答问题，引导学生理解节日庆祝的意义。	1.课堂口头提问 ☑ 2.课堂观察☑ 3.课堂随机对话 ☑ 4.口语评价量表 ☑

续 表

	任务	活动序列	设计意图	评估实施
课时活动		Activity 5： 1.学生阅读并完成课后图表。 2.学生在教师的引导下完成文章的思维导图。	通过图表和思维导图，引导学生厘清文章结构。	1.阅读测试题☑ 2.课堂观察☑
		Activity 6： 学生小组讨论，运用本节课所学发表观点。 Who may be most interested in the book *Letters from Father Christmas*? Give reasons and share them with the class.	通过小组活动，引导学生推测书评的受众，并给出自己的理由。	1.课堂口头提问☑ 2.课堂观察☑ 3.对开放式问题的回答☑ 4.课堂对目标的评价量表☑
		Activity 7: 学生自我评价本节课学习任务的达成度。	体现评价任务对改进教学的推动作用。	

作业设计	作业目标		A	1.初步理解节日与庆祝的词语。 2.促进理解和输出表达，提升课堂学习效果。
			U	1.感知中外节日的特点与庆祝方式。 2.提升学生的知识整理与运用能力，并巩固本课重点知识。
			T	1.利用思维导图，把握文章结构，体会书评的写作手法。 2.理解圣诞节礼物背后的含义。
	作业形式			口头作业（ ） 书面作业（√） 实践作业（ ） 项目作业（ ） 其他（ ）
	作业内容	课前	基础性 必做	预习本单元生词。
			发展性 必做	网上搜索中外典型节日的视频，课上做3分钟的介绍。
		课后	基础性 必做	熟记Starting out视频中有关节日庆典的词语和短语。

续 表

作业设计	作业内容	课后	发展性	必做	复述课文内容，完成课文内容思维导图。
			挑战性	选做	写一则题为"A Special Gift in My Life"的小短文。
	作业评价				学生自评（　）　小组互评（√） 教师评价（√）　其他（　）

外研版必修第二册第二单元课时2~3教学逆向设计见表4-2-12。

表4-2-12　外研版必修第二册第二单元课时2~3教学逆向设计

单元主题	Book 2 Unit 2 Let's celebrate	课时名称	Using language	课时类型	Grammar
授课教师		授课班级		授课时间	40mins
预期结果	A：获取什么		Understand the basic usage of modal verbs and correctly use them.		
	U：理解什么		Summarise relevant expressions of various celebration activities during the festival and learn to describe the festival.		
	T：迁移什么		Develop the awareness of sending and accepting invitations politely.		
评估证据	维度		标准	证据	主体
	学习过程	问题意识	善于思考话题相关问题，敢于提出问题。	口头提问（√） 观察（√） 随机对话（√）	师评（√） 生自评（√） 生生互评（√） 师生互评（　） 其他：_____
		自主探究	能自主利用网络、图书馆等途径查找所需信息，完成规定任务。	听力练习相关试题（√） 阅读理解相关试题（√） 围绕话题的对话（√） 写作相关试题（　）	

续 表

	维度		标准	证据	主体
评估证据	学习过程	合作分享	1.能明确任务分工并与同学互帮互助。2.能恰当表达自己的观点，并认真倾听他人想法，接受不同观点。	语法练习试题（√）Speaking评价量表（√）Writing评价量表（ ）课堂对标目标的自评量表（√）开放式问答题：1.What should we do to describe a festival celebration logically? 2.What should we do to send and accept invitations politely? 真实或拟真情境的表现性任务（ ）其他：_____	师评（√）生自评（√）生生互评（√）师生互评（ ）其他：_____
	学习结果	A	Understand the basic usage of modal verbs and correctly use.		
		U	Summarise relevant expressions of various celebration activities.		
		T	Develop the awareness of sending and accepting invitations politely.		

	任务	活动序列	设计意图	评估实施
课时活动	1.掌握情态动词表推测的用法。2.了解西方购物节（如黑色星期五）、感恩节，我国元宵节的庆祝方式。	Activity 1：Look at the sentences from the reading passage and answer questions.	通过创设语境，复习第一单元情态动词的基本用法，激发学生的学习兴趣。	1.课堂口头提问☑2.课堂观察☑
		Activity 2：学生观察与总结。1.What do the words in bold indicate: an order, a request, ability or possibility?	1.观察并总结情态动词表推测的语法意义和语用意义。2.查找信息，帮助学生复习上一篇文章，认识到情态动词在文本中的广泛应用。	1.课堂观察☑2.课堂口头提问☑3.课堂随机对话☑

续 表

	任务	活动序列	设计意图	评估实施
课时 活动		2.Will the meaning of sentence（a）change if we replace "could" with "must" or "might"？ 3.What happens if we change "must"and "might" in sentences（b）and（c）into "could"？		
		Activity 3： 学生观察并练习。 1.Read the conversation in Activity 2 and talk about what the people are doing. 2.Read the conversation rewritten with modals in roles. 3.Observe the picture in Activity 3 and make sentences to describe the picture using modals in groups. 4.Underline the words and expressions about celebrations during the Lantern Festival in the speech bubbles and complete the mind map in groups. 5.Talk about another festival celebration with the hint of the mind map.	看图说话，迁移运用所学的情态动词表推测的知识来描述图片内容。	1.课堂口头提问☑ 2.课堂观察☑ 3.课堂随机对话☑ 4.语法测试题☑

	任务	活动序列	设计意图	评估实施
课时活动		Activity 4： 学生听力。 1.Read the short passage in "Did you know?" on Page 19 and find out the proper way of answering an invitation and the arriving time. 2.Read "Learning to learn" on this page and remind students to pay special attention to the crucial information. 3.Listen to the conversation and complete the sentences with the correct ending.	学生通过听录音，掌握节日的邀请与礼貌应答用语。	1.课堂口头提问☑ 2.课堂观察☑ 3.课堂随机对话☑ 4.听力练习相关试题☑
		Activity 5： 学生说与演。 1.Work in pairs and make up the conversation. 2.Act out their conversations in class.	1.通过小组讨论，自主创设情境，运用所学内容创编出有逻辑的节日邀请对话，并进行课堂展示。 2.学生使用评价量表评价自己/他人的汇报。	1.课堂观察☑ 2.课堂随机对话☑ 3.口语评价量表☑ 4.课堂对目标的评价量表☑
作业设计	作业目标	A	1.了解国外购物节。 2.掌握节日邀请过程中的文化礼仪。	
		U	理解情态动词表推测的用法。	
		T	以泡泡图的形式构建节日介绍网络，使思维可视化。	
	作业形式		口头作业（√）　书面作业（√）　实践作业（　） 项目作业（　）　其他（　）	

续 表

		基础性	必做	网上搜索有关西方黑色星期五购物节、感恩节和中国元宵节的视频。
作业设计	作业内容	课前		
		发展性	必做	观看教师制作的有关情态动词表推测的微视频，并完成相关任务。
		基础性	必做	完成课后学案（情态动词表推测），完成语法小练，能使用情态动词谈论节日庆典。
		课后		
		发展性	必做	完善元宵节的泡泡图。
		挑战性	选做	写一封节日活动邀请信给外国友人。
	作业评价			学生自评（ ） 小组互评（√） 教师评价（√） 其他（ ）

外研版必修第二册第二单元课时4教学逆向设计见表4-2-13。

表4-2-13 外研版必修第二册第二单元课时4教学逆向设计

单元主题	Book 2 Unit 2 Let's celebrate!	课时名称	Developing ideas（1）	课时类型	Reading
授课教师		授课班级		授课时间	40mins
预期结果	A：获取什么		Acquire the two different views on where to eat the New Year's eve dinner, sort out and summarise the reasons.		
	U：理解什么		Understand the different values embodied by different viewpoints and increase the understanding of cultural connotation.		
	T：迁移什么		Able to make their own evaluation and judgment on different viewpoints and improve their critical thinking ability.		

续 表

	维度		标准	证据	主体
评估证据	学习过程	问题意识	善于思考话题相关问题，敢于提出问题。	口头提问（√）观察（√）随机对话（√）听力练习相关试题（ ）阅读理解相关试题（√）围绕话题的对话（√）写作相关试题（ ）语法练习试题（ ）	师评（√）生自评（ ）生生互评（√）师生互评（ ）其他：_____
		自主探究	能自主利用网络、图书馆等途径查找所需信息，完成规定任务。		
		合作分享	1.能明确任务分工并与同学互帮互助。2.能恰当表达自己的观点，并认真倾听他人想法，接受不同观点。		
	学习结果	A	Acquire the two different views on where to eat the New Year's eve dinner, sort out and summarise the reasons.	Speaking评价量表（√）Writing评价量表（ ）课堂对标目标的自评量表（√）开放式问答题：1.Which of the two opinions do you agree with? Why? 2.Why does the Spring Festival family dinner mean so much to us Chinese? 真实或拟真情境的表现性任务（√）其他：_____	
		U	Understand the different values embodied by different viewpoints and increase the understanding of cultural connotation.		
		T	Able to make their own evaluation and judgment on different viewpoints and improve their critical thinking ability.		

	任务	活动序列	设计意图	评估实施
课时活动	1.辨析观点与事实的表达。 2.深入思考春节年夜饭的庆祝方式背后所蕴含的文化意义与社会现象。	Activity 1：学生看图说话。 1.Look at the pictures in Activity 1 and talk about Chinese Spring Festival traditions. 2.Invite to come up with more traditions. Q: How do you spend Spring Festival with your families?	通过教材中的图片，激发学生的学习兴趣，为阅读活动做铺垫。	1.课堂口头提问 ☑ 2.课堂观察☑ 3.课堂随机对话☑
		Activity 2：学生阅读找观点。 1.Read the passage and find out each person's point of view. （1）Wang Peng: Eating out for the Spring Festival family dinner only changes the form of this tradition, but the love between the family members remains the same. （2）Liu Yonghui: It just won't feel like the Spring Festival having the dinner out. The process of preparing the dinner together is more important than the dinner itself. 2.Read "Learning to learn" and figure out what is a fact and what is an opinion.	1.通过阅读快速掌握文章的两种观点，培养对文章细节的理解能力。 2.能辨析观点与事实。	1.课堂口头提问 ☑ 2.课堂观察☑ 3.阅读理解相关试题☑
		Activity 3：学生阅读文章并完成阅读任务。 Read the passage again and understand the passage.	通过全文阅读，找出文章段落大意，通过文章关键句，进一步理解文章的主题意	1.课堂口头提问 ☑ 2.课堂观察☑ 3.阅读理解相关试题☑

续　表

	任务	活动序列	设计意图	评估实施
课时 活动		1.What do you think the retired teacher means by "To me, the process is even more important than the dinner itself"? 2.Which of the two opinions do you agree with? Why?	义和文章标题的深意。	4.对开放式问题的回答☑
		Activity 4：学生迁移运用。 1. How would you describe a Spring Festival family dinner to a friend from overseas? 2.Can you think of any other Chinese festival traditions? Share them with the class	引导学生将课文所学与自身实际相联系，小组讨论后进行观点分享。	1.课堂口头提问☑ 2.课堂观察☑ 3.课堂随机对话☑ 4.口语评价量表☑
		Activity 5：学生讨论与演讲。 1.Think about the reasons why the Spring Festival family dinner means so much to us Chinese. 2.Understand how to organise a talk about the importance of the Spring Festival family dinner. 3.Invite some students to give their talks in class.	1.通过讨论，引导学生思考年夜饭对于中国人的意义，并表达个人的观点。 2.通过创设相关话题的演讲活动，提升学生的口语表达能力。	1.课堂口头提问☑ 2.课堂观察☑ 3.课堂随机对话☑ 4.口语评价量表☑ 5.课堂对目标的评价量表☑
		Activity 6：学生展示。	小组合作呈现内容，组间分享并评价。	

续 表

作业设计	作业目标	A	能够区分事实与观点。	
		U	形成对年夜饭变迁的思考，体会标题中的"形变质不变"。	
		T	能就文章话题展开辩论。	
	作业形式		口头作业（√） 书面作业（√） 实践作业（√） 项目作业（ ） 其他（ ）	
	作业内容	课前	基础性	必做	收集演讲稿的语言特点和文章框架。
			发展性	必做	收集中国人对年夜饭的看法。（分不同年龄段、不同职业）
		课后	基础性	必做	完成课文学案上的语境填空。
			发展性	必做	两人一组，就年夜饭的两种庆祝方式展开辩论。
			挑战性	选做	写一篇"春节年夜饭的重要性"的演讲稿。
	作业评价		学生自评（√） 小组互评（√） 教师评价（√） 其他（ ）	

外研版必修第二册第二单元课时5教学逆向设计见表4-2-14。

表4-2-14 外研版必修第二册第二单元课时5教学逆向设计

单元主题	Book 2 Unit 2 Let's celebrate!	课时名称	Developing ideas （2）	课时类型	Writing
授课教师		授课班级		授课时间	40mins
预期结果	A：获取什么		Know some vocabulary and expressions about celebrating the Spring Festival.		
	U：理解什么		Understand the passage and learn how to express ideas logically.		

续 表

预期结果	T：迁移什么		Analyse the reasons why Chinese Spring Festival is "going global".		
评估证据	维度		标准	证据	主体
	学习过程	问题意识	善于思考话题相关问题，敢于提出问题。	口头提问（√）观察（√）随机对话（√）听力练习相关试题（ ）阅读理解相关试题（√）围绕话题的对话（√）写作相关试题（√）语法练习试题（ ）Speaking评价量表（√）Writing评价量表（√）课堂对标目标的自评量表（√）开放式问答题：Why do you think Chinese Spring Festival is "going global"? 真实或拟真情境的表现性任务（ ）其他：_____	师评（√）生自评（ ）生生互评（√）师生互评（ ）其他：_____
		自主探究	能自主利用网络、图书馆等途径查找所需信息，完成规定任务。		
		合作分享	1.能明确任务分工并与同学互帮互助。2.能恰当表达自己的观点，并认真倾听他人想法，接受不同观点。		
	学习结果	A	Know some vocabulary and expressions about celebrating the Spring Festival.		
		U	Understand the passage and learn how to express ideas logically.		
		T	Analyse the reasons why Chinese Spring Festival is "going global".		

续 表

	任务	活动序列	设计意图	评估实施
课时活动	1.掌握"现象—原因—个人感受"的三段式写作方式； 2.更加深入地思考春节国际化背后所蕴含的文化意义与社会现象	Activity 1:学生复习回顾。 1.Review and talk about Chinese Spring Festival traditions. 2.Review phrases about celebrations：let off fireworks, thoroughly clean the house, pay a New Year visit, paste Spring Festival couplets, hang red lanterns, paste the character "fu" on the door, go to the temple fair, give and receive a red envelope, watch a lion dance, etc.	通过视频回顾节日庆典的活动，吸引学生注意力，同时复习与节日庆典相关的表达。	1.课堂口头提问☑ 2.课堂观察☑ 3.课堂随机对话☑
		Activity 2：学生阅读文章完成读后任务。 1.Which countries are mentioned and how do they celebrate Chinese Spring Festival? 2.Which event would you most like to attend? Why?	通过阅读，完成问答，帮助学生进一步深入理解文本内容。	1.课堂口头提问☑ 2.课堂观察☑ 3.阅读理解相关试题☑
		Activity 3：学生小组讨论：Why do you think Chinese Spring Festival is "going global"?	通过再次阅读，小组合作分析春节走向世界的原因。	1.课堂观察☑ 2.Speaking评价量表☑
		Activity 4：学生思考与回答。 1.Complete the notes to help organise your ideas. （1）What the phenomenon is?	通过文本分析，引导学生归纳和总结现象观点类作文的写作结构，并迁移运用到写作中。	1.课堂观察☑ 2.Writing评价量表☑ 3.课堂对目标的评价量表☑

续 表

	任务	活动序列	设计意图	评估实施
课时 活动		（2）What reasons lie behind it? （3）How you feel about it? 2.Write a letter to the editor to express your ideas. Use the expressions in the box to help you.		
		Activity 5：小组间分享，互评并展示。 Presentation	通过展示，培养学生的表达能力，包括听说能力和评价的能力。	1.写作评价量表☑ 2.课堂对目标的评价量表☑
作业 设计	作业目标	A	掌握节日相关话题的词语、短语、句型。		
		U	掌握"现象—观点"类作文的写作特点。		
		T	实践"现象—观点"类作文的写作。		
	作业形式		口头作业（√）　书面作业（√）　实践作业（　） 项目作业（　）　其他（　）		
	作业内容	课前	基础性	必做	教师提供一篇以中国春节为话题的阅读文章，学生模拟高考阅读理解题型自创问题并作答。
			发展性	必做	网上搜索世界各地庆祝中国春节的案例。
		课后	基础性	必做	完成单元课时作业。

续 表

作业设计	作业内容	课后	发展性	必做	网上搜索论说文的写作特点。
			挑战性	选做	仿写一篇题为"中国春节全球化趋势"的论说文。
	作业评价				学生自评（√）　　小组互评（√） 教师评价（√）　　其他（　　）

外研版必修第二册第二单元课时6教学逆向设计见表4-2-15。

表4-2-15　外研版必修第二册第二单元课时6教学逆向设计

单元主题	Book 2 Unit 2 Let's celebrate!	课时名称	Presenting ideas	课时类型	Speaking
授课教师		授课班级		授课时间	40mins
预期结果	A：获取什么		Draw a mind-map to share your collection of Chinese festivals and foreign festivals.		
	U：理解什么		Understand what the meaning of festivals is.		
	T：迁移什么		Create your special day.		

评估证据		维度	标准	证据	主体
	学习过程	问题意识	善于思考话题相关问题，敢于提出问题。	口头提问（√） 观察（√） 随机对话（√） 听力练习相关试题（　） 阅读理解相关试题（　） 围绕话题的对话（　） 写作相关试题（　）	师评（√） 生自评（　） 生生互评（√） 师生互评（　） 其他：＿＿＿
		自主探究	能自主利用网络、图书馆等途径查找所需信息，完成规定任务。		

续 表

	维度		标准	证据	主体
评估证据	学习过程	合作分享	1.能明确任务分工并与同学互帮互助。 2.能恰当表达自己的观点，并认真倾听他人想法，接受不同观点。	语法练习试题（ ） Speaking评价量表（√） Writing评价量表（ ） 课堂对标目标的自评量表（√） 开放式问答题： 1.What's your idea of creating a special day? 2.What's your mind-map of Chinese festivals and foreign festivals? 真实或拟真情境的表现性任务（ ） 其他：＿＿＿＿	
	学习结果	A	Draw a mind-map to share your collection of Chinese festivals and foreign festivals.		
		U	Understand what the meaning of festivals is.		
		T	Create your special day.		

	任务	活动序列	设计意图	评估实施
课时活动	1.能够创立一个重要的节日，阐述庆祝日期和庆祝原因，并设计节日庆祝形式。 2.收集中外节日类型，制作节日海报，以思维导图的形式概括本单元所学内容。	Activity 1：学生复习本单元主要内容。 1.Look at the pictures and talk about them. 2. Discuss those days.	带领学生回顾本单元所学内容，为接下来学生口语表达做充分的准备。	1.课堂口头提问☑ 2.课堂观察☑ 3.对开放式问题的回答☑
		Activity 2：学生表达观点并陈述理由。 1.Create a special day. 2.State the detailed information of the day.	思考并创立一个新的节日，将本单元所学迁移运用到实践创造中。	1.课堂观察☑ 2.口语练习☑ 3.口语评价量表☑

	任务	活动序列	设计意图	评估实施
课时活动		Activity 3：分小组展示。 1.Do presentations in class. 2.Give comments on class-mates' ideas.	引导学生有逻辑地陈述自己的观点，倾听他人观点，并能进行客观评价。	1.课堂观察☑ 2.口语评价量表☑
		Activity 4：总结单元主题。 1.Learn to make a poster of a special day. 2.Share your understanding of this unit. 3.Make a mind-map to summarise the whole unit.	引导学生进一步加深对节日的理解，进而升华对单元主题的理解。	1.课堂观察☑ 2.口语练习☑ 3.口语评价量表☑ 4.课堂对目标的评价量表☑

作业设计	作业目标		A	逻辑表达能力
			U	单元知识整合能力和思辨能力
			T	创新能力
	作业形式			口头作业（√） 书面作业（ ） 实践作业（√） 项目作业（√） 其他（ ）
	作业内容	课前	基础性	必做	收集世界各地新奇的节日及其庆祝活动。
			发展性	必做	网上搜索世界各地新奇的节日及其庆祝活动。
		课后	基础性	必做	小组合作制作一幅有关创新节日的海报。
			发展性	必做	完成单元话题阅读补充材料作业。

续 表

作业设计	作业内容	课后	挑战性	选做	完成单元知识图谱。
	作业评价				学生自评（　） 小组互评（√） 教师评价（√） 其他（　）

三、外研版必修第二册第六单元整体教学逆向设计

外研版必修第二册第六单元整体教学逆向设计见表4-2-16。

表4-2-16 外研版必修第二册第六单元整体教学逆向设计

教材版本	外研版	单元名称	Book 2 Unit 6 Earth first	单元主题	人类与自然
单元课时	6	授课班级		授课教师	

| 前端分析 | 研读课标 | 明确单元核心素养 | 1.语言能力
（1）能够理解与环保有关的语篇内容。
（2）能够听懂并谈论与环保有关的话题，掌握在交谈中礼貌地打断他人的技巧。
（3）恰当地在句中使用动词的现在分词和过去分词作补语。
（4）规范书写倡议信。
2.文化意识
（1）了解并关注动物保护。
（2）辩证地看待事物，消除错误的环保理念。
（3）在日常生活中采用正确的方式落实环境保护理念。
3.思维品质
（1）能够正确判断语篇中人物的观点和态度。
（2）能够判断人们对于环境保护理念和行为的正误。
4.学习能力
（1）能够进一步深入理解环境保护的概念和行为。
（2）能够多渠道获取英语学习资源。
（3）能够选择恰当的策略与方法，监控、评价、反思和调整自己的学习内容和进程。 |

续 表

			1.主题语境 本单元学习话题是"Earth",属于"人与自然"范畴。整个单元的内容围绕环保这一大概念展开,遵循"理解—发展—实践"的原则,通过引导学生阅读文本,加深他们对环保话题的理解与探究。在主题引领下,设计层层递进的学习活动,使学生在知识的建构中形成对主题语境内容——关爱地球、保护环境的深层次认知,推动核心素养落地。 2.语篇类型 本单元语篇类型包含说明文、议论文、报刊社论等多个模态。第一部分Starting out是环保主题的公益广告,直观展现当前面临的严峻形势。第二部分Understanding ideas Reading是一篇说明文——*Sharks: Dangerous or endangered*,旨在让学生了解大白鲨等濒危动物,消除对大白鲨的认识误区。第三部分Using Language的语法和词汇部分包括人物专访以及宣传手册,让学生在语篇中了解优秀的环保范例和碳排放相关知识。Listening部分为访谈,旨在让学生了解雾霾的"前世今生",并学习如何在交谈中礼貌地打断别人。第四部分Developing ideas是报刊社论,文本*What's really green*呈现了四个认识误区,通过对常见观点的分析和评判,帮助学生树立正确的环保理念。Writing部分为书写一封倡议信,通过梳理倡议信的文本结构和内容(提出问题—分析原因—提出措施),让学生掌握倡议信的写作方法。Presenting ideas 和Project部分联系生活实际,让学生汇报碳排放调查的结果并完成绿色计划的海报,思考总结在现实生活中实现低碳生活的有效措施。 3.语言技能 (1)学生能够掌握关于环保问题和解决措施的语言表达,以及倡议信的文体特征和语言表达。 (2)学生能够在语境中学习词汇,掌握现在分词、过去分词作补语的用法,以及在交谈中礼貌打断他人并阐述自己观点的语言表达。 (3)学生能够通过图片和关键词预测语篇内容,进行批判性思考,还能够看图、看标题预测语篇内容;通过听、读获取语段大意和细节性信息。 (4)学生能够口头及书面分享自己的环保理念,将个人环保实践与所学知识建立起联系,实现知识产出。 4.语言知识 (1)学生能够掌握本单元涉及的与环境保护相关的词汇和表达。 (2)学生能够掌握倡议信的文体特征和语言表达。 (3)学生能够利用所学的语言表达在交谈中礼貌打断他人并阐述自己的观点。
前端分析	研读课标	分析课程六要素	

| 前端分析 | 研读课标 | 分析课程六要素 | 5.文化知识
本单元的主题语境是人与自然。本单元语篇形式多样,包括说明文、议论文、报刊社论等多种语篇类型。在进行课时设计和语篇阅读时,教师可充分利用语篇的多模态形式,在导入人类所面对的环境问题后,引导学生思考如何正确地保护环境。通过语篇阅读,学生了解一直被人类误解的动物,关注动物保护,并辩证地看待事物,进一步学习如何保护环境并传播保护环境的意识与方法,学会主动保护环境并知晓如何从身边的小事做起。
6.学习策略
(1)元认知策略。
学生通过图书馆和网络等途径进一步了解大白鲨相关的影片信息,进一步认识所谓有危险的动物,并通过与绿色真相有关的问卷调查,树立正确的环保理念,提高学习兴趣。
(2)认知策略。
根据语篇类型和特点,了解文章的主要内容和写作意图。通过图片和关键词预测语篇内容,拓展思维,进行批判性思考。
(3)交际策略。
根据不同文化语境下的礼貌习惯和规范进行交流。在本单元,学生应学会如何在交流过程中礼貌地打断他人,并阐述自己的观点。
(4)情感策略。
使用英语时不怕出现错误,大胆尝试,不断修正自己的错误。在本单元,学生进一步了解环境保护理念,感知环境以及环境中生存的动植物与人类的关系,并知道如何落实正确的环保举措,深化对单元主题意义的理解。 |
| | | 依据学业质量标准 | 高中英语学业质量水平一

序号 / 质量描述 表格如下 |

依据学业质量标准一列对应下表:

高中英语学业质量水平一

序号	质量描述
1-1	在听的过程中,能抓住日常生活语篇的大意,获取主要事实、观点和文化背景。
1-2	能根据重音、语调、节奏的变化,理解说话人所表达的意义、意图和情感态度。
1-3	在听的过程中,能注意到图片、符号、表格、动画、流程图等传递的信息。

续 表

序号	质量描述
1-4	能简要地口头描述自己或他人的经历，表达观点并举例说明。
1-5	能口头介绍中外主要节日等的文化传统和文化背景。
1-6	在口头表达中，能根据交际场合和交际对象的身份，选择恰当的语言形式（如正式或非正式、直接或委婉的表达方式），表达意义、意图和情感态度；能借助手势、表情、图表、图示等非语言手段提升表达效果。
1-7	能通过重音、语调、节奏的变化，表达特殊的意义、意图和情感态度。
1-8	能通过重复、解释、提问等方式，克服交际中的语言障碍，保持交际的顺畅。
1-9	能通过读与看，抓住日常生活语篇的大意，获取其中的主要信息、观点和文化背景；能借助多模态语篇中的非文字资源，理解语篇的意义。
1-10	能区分语篇中的主要事实与观点；能基于所读和所看内容，进行推断、比较、分析和概括。
1-11	能识别语篇的类型和结构，辨识和分析语篇的文本特征及衔接手段，识别语篇为传递意义而选用的主要词汇和语法结构。
1-12	能识别语篇直接陈述的情感态度、价值观和社会文化现象。
1-13	能以书面形式简要描述自己或他人的经历，表达观点并举例说明；能介绍中外主要节日和中华优秀传统文化；书面表达中所用词汇和语法结构能够表达主要意思。
1-14	能运用语篇的衔接手段构建书面语篇、表达意义，体现意义的逻辑关联性；能借助多模态语篇资源提升表达效果。

前端分析 / 研读课标 / 依据学业质量标准 （上表内容）

解读教材 / 提炼语篇主题意义：通过各语篇深入了解正确的动物保护理念以及正确的环保行动，最终指向践行环保绿色的生活方式。

解读教材	建构单元大观念	保护环境，就是保护人类自身，每个人都责无旁贷。
	形成问题序列链	Q1:What environmental problems do you know? Q2:How do we treat the so-called dangerous animals ? Q3: What green truths do you know ? Q4: How do you "green" in your daily life?
前端分析	分析学情	已知与个性特点	1. 自然情况 高一学生对环境保护有基本认知，认识到自己生存的环境存在一些问题，但了解不够深入，且存在一些错误的环保理念。 2.知识和能力基础 （1）知识储备：高一学生已知环境保护这一话题，已掌握部分环境保护话题相关的词汇和语言表达。 （2）能力基础：能够运用所学简单地讨论环境问题以及部分解决措施。 3. 情感态度 本阶段的学生对环境保护以及环保措施有一定的了解，但是对于环保措施的正确与否了解得并不深入，对于人与自然和谐相处以及人类命运共同体的思考也不够充分。
		未知与需求兴趣	本单元的学习重点在于深入了解现存的环境问题和环保措施，引导学生纠正自身在环保理念上的误区，在环保实践中落实正确的环保举措。此外，学生还能进一步深入探究并理解人与环境保护、人与自然的关系。
		难点与突破措施	本单元话题围绕环境保护展开。学生的第一个难点在于正确运用词汇和语言描述环境问题；第二个难点是消除错误的环保理念，并正确运用所学知识阐述自己的环保理念。通过这种方式，学生在学习中不仅可以掌握语言知识与技能，还可以培养思维习惯、行为方式和文化意识，并将其迁移到日常生活中，以呼吁践行正确的环保行为,落实正确的环保举措。

预期结果	A：获取什么	1.Acquisition of knowledge K1: The vocabulary and expressions related to environmental protection concepts and behaviours. K2: Words and expressions of writing a persuasive letter. 2.Acquisition of skills S1: Express the environmental protection concepts in the related vocabulary and expressions. S2: Write a persuasive letter with newly-learned skills. S3: Interrupt others politely in conversation.
	U：理解什么	U1: The correct understanding of the so-called dangerous animals and the ways to protect them. U2: The green truths and the ways to put them into practice.
	T：迁移什么	T1: Raise the awareness of environmental protection and realise the relationship between nature and human beings. T2: Apply proper ways to call on environmental protection behaviours and take action to solve environmental problems in reality.

	维度		标准	证据	主体
评估证据	学习过程	问题意识	善于思考话题相关问题，敢于提出问题。	口头提问（√） 观察（√） 随机对话（√） 听力练习相关试题（√） 阅读理解相关试题（√） 围绕话题的对话（√） 写作相关试题（√） 语法练习试题（√） Speaking评价量表（√） Writing评价量表（√） 课堂对标目标的自评量表（√）	师评（√） 生自评（√） 生生互评（√） 师生互评（　） 其他：_____
		自主探究	能自主利用网络、图书馆等途径查找所需信息，完成规定任务。		
		合作分享	1.能明确任务分工并与同学互帮互助。 2.能恰当表达自己的观点，并认真倾听他人想法，接受不同观点。		

续 表

	维度		标准	证据	主体
评估证据	学习结果	知识	1.能理解并使用与环境问题以及环境保护有关的新学词语。 2.能够在环境保护相关的主题语境中灵活运用动词的现在分词和过去分词作补语。 3.能够在语境中正确而有礼貌地打断他人的交谈。 4.能识别语篇类型、结构与特点，如说明文、宣传书册、倡议信等。		
		A			
		技能	1.听力理解技能 学生将通过复述听力原文的关键信息来证明他们对主题的理解，并围绕听力材料中涉及的内容来谈论环境问题。 2.口语表达技能 学生将通过表述原因、现状、解决方案来证明他们可以在给定的语境中用目标语言谈论环境问题。 3.阅读理解技能 在阅读过程中，学生能判断作者对所谓的 "危险动物"和"绿色真相"的态度，理解文章结构和内在逻辑关系，了解说明文的文体特征。学生能够联系生活实际，有逻辑地、批判性地思考人与自然之间的关系。 4.书面表达技能 （1）学生能够合理地、有逻辑地讨论环境保护行为，表达个人观点。 （2）学生能够运用所学知识，按照正确的行文逻辑和语言表达书写倡议信。		
		U	1.辩证地思考所谓的 "危险动物"和"绿色真相"。 2.树立正确的环境保护意识，并知晓如何落实正确的环保举措。 3.辩证地思考人与自然的关系，理解环境保护与人类命运紧密相关这一意义。		
		T	能运用本单元所学知识解决现实生活中或拟真情境中的实际环境问题。		

主任务		子任务群	课时分配
活动规划	单元主任务：以小组为单位制定并发起一个绿色校园 cam-pai-gn	单元子任务1： 1.纠正对鲨鱼等所谓的危险动物的错误认识，树立正确的保护动物、保护环境的意识。 2.学会辩证地思考人与自然的关系。	课时1
		单元子任务2： 1.掌握动词的-ing，-ed形式在句中作补语的用法。 2.利用所学语法结构正确且符合逻辑地发表对部分环境问题的看法，并提出解决办法。	课时2
		单元子任务3： 1.掌握与环境污染有关的词汇及语言表达，进一步认识雾霾等环境问题的起因和发展现状。 2.利用所学正确且符合逻辑地发表对部分环境问题的看法，并提出解决办法。	课时3
		单元子任务4： 1.纠正对所谓绿色真相的错误认知，树立正确的保护环境的意识。 2.学会辩证地思考环保理念的真实性，采取具体行动表达并落实环保理念。	课时4
		单元子任务5： 1.掌握倡议信的书写结构和文体特点。 2.完成倡议信的书写，将环保理念转化为具体的环保举措。	课时5
		单元子任务6： 1.完成与碳足迹有关的调查，并对结果进行汇报和分享。 2.树立保护环境的意识，并通过具体行动将其付诸实践。	课时6
作业设计	单元Project作业	以小组为单位开展一次绿色校园活动（表现性任务）： （1）调查：调查校园里的环境问题，形成调查报告。 （2）规划：确定行动方案，明确宣传形式（海报、演讲等）。 （3）制订具体计划。 （4）展示。 （5）互评。	

表4-2-17　外研版必修二第六单元教材内容的解读详表

语篇		语篇类型	语篇内容	主题意义	大观念	思维路径	问题序列
Starting out		视频和图片	介绍现如今人类面对的环境问题，如环境污染、动植物灭绝、全球变暖等。	导入人与环境的基本信息，引起学生关注并思考环境保护问题。	保护环境就是保护人类自身，每个人都责无旁贷。	初识环境问题↓纠正认知误区↓深入思考环境问题↓树立环保理念↓落实环保举措	Q1：What environmental problems do you know? Q2：How do we treat the so-called dangerous animals? Q3：What green truths do you know？ Q4：How do you "green" in your daily life?
Understanding ideas		说明文	以好莱坞著名电影《大白鲨》为线索，介绍鲨鱼的濒危处境，呼吁人们正确认识鲨鱼并保护鲨鱼。	了解一直被人类误解的动物，关注动物保护。			
Using language	Grammar（-ing and -ed as complement）	记叙文和新闻采访	介绍Hannah Fraser保护海洋的故事，采访三江源自然保护区工作人员。	介绍人类为保护环境所做出的行动，在语篇中理解动词-ing/-ed形式作句子的补语的用法。			
	Vocabulary（Global warming）	宣传手册	通过填写《你能为应对全球变暖做的六件事情》宣传手册，一边学	从看到别人保护环境，过渡到从自身做起，从生活中的小事做起，以实			

续 表

语篇		语篇类型	语篇内容	主题意义	大观念	思维路径	问题序列
Using language			习有关全球变暖的单词，一边了解环境保护的行为。	际行动保护环境。			
	Listening（Environmental problems）	讲座演讲	介绍了 "Smog"（雾霾）一词的含义与历史背景，以及雾霾的危害与当前的应对方式，并完成关于身边环境问题的对话练习。	介绍、探讨身边的环境问题——雾霾，并运用得体的语言回应对方观点，以合适的表达方式插话、打断或结束交谈。			
Developing ideas	Reading	说明文	介绍了生活中常被误用的绿色生活方式，并介绍和解释了实际有效的绿色生活方式。	在引入人类所面临的环境问题后，引导学生正确地保护环境，并辩证地看待事物。			
	Writing	倡议信	倡导人们践行光盘行动，呼吁人们不要浪费食物。	进一步学习如何保护环境并传播保护环境的方法。			

续 表

语篇	语篇类型	语篇内容	主题意义	大观念	思维路径	问题序列
Presenting ideas（Carbon footprint survey）	问卷调查	制作碳足迹问卷调查，利用调查结果探索更多低碳环保的生活方式，最后生成一份调查报告。	学生要学会主动保护环境并知晓如何从身边的小事做起。			
Project（A campaign plan）	应用文	学生通过调查学校、小组探讨，制订一份建设绿色校园的计划，并进行比拼，选出最佳的计划，如果条件允许，实施该计划。	从思考为什么要保护环境，到学习如何保护环境，最后以实际行动践行绿色环保的生活方式。			

外研版必修第二册第六单元课时1教学逆向设计见表4-2-18。

表4-2-18　外研版必修第二册第六单元课时1教学逆向设计

单元主题	Book 2 Unit 6 Earth first	课时名称	Starting out and Understanding ideas	课时类型	Reading
授课教师		授课班级		授课时间	40mins
预期结果	A：获取什么		Vocabulary and expressions related to environmental problems and animal protection behaviours.		
	U：理解什么		Correct understandings of endangered animals.		
	T：迁移什么		Raise the awareness of the animal protection and recognise the relationship between nature and human beings.		

续 表

	维度		标准	证据	主体
评估证据	学习过程	问题意识	善于思考话题相关问题，敢于提出问题	口头提问（√）观察（√）随机对话（ ）听力练习相关试题（ ）阅读理解相关试题（√）围绕话题的对话（√）写作相关试题（ ）语法练习试题（ ）Speaking评价量表（ ）Writing评价量表（ ）课堂对标目标的自评量表（√）开放式问答题：What do you think of so-called dangerous animals?真实或拟真情境的表现性任务（ ）其他：_____	师评（√）生自评（ ）生生互评（√）师生互评（ ）其他：_____
		自主探究	能自主利用网络、图书馆等途径查找所需信息，完成规定任务。		
		合作分享	1.能明确任务分工并与同学互帮互助。2.能恰当表达自己的观点，并能认真倾听他人想法，接受不同观点。		
	学习结果	A	1.Vocabulary and expressions related to environmental problems and animal protection behaviours. 2.Features of persuasive essays.		
		U	Correct understandings of endangered animals.		
		T	Raise the awareness of the animal protection and recognise the relationship between nature and human beings.		

	任务	活动序列	设计意图	评估实施
课时活动	1.纠正对鲨鱼等所谓危险动物的错误认识，树立正确的保护动物、保护环境的意识。 2.学会辩证地思考人与自然的关系。	Activity 1： The teacher plays a brainstorming game with students about sharks.	通过头脑风暴和播放视频，激发学生的学习兴趣，激活主题相关背景知识。	1.课堂口头提问☑ 2.课堂观察☑
		Activity 2： The teacher shows the clip of *Jaws* and asks the question: What is the shark doing under the water?	通过问题的回答，激发学生兴趣，补充未知，为引入阅读活动做铺垫。	课堂口头提问☑
		Activity 3： The teacher asks students to read the text and divide it into 3 parts.	引导学生分析文本内容，把握文本结构。	课堂口头提问☑
		Activity 4： 1.The teacher asks students to read Para.1 & Para.2 and find out why people regard sharks as dangerous animals and what people did to them. 2. The teacher asks students to read Para.3 and find out the procedures of finning. And then the teacher asks students watch a video of finning and express their opinions on finning. 3.The teacher asks students to read Para.4 & Para5 and find out what people did after they saw the awful sight.	1.培养学生获取文本细节信息的能力。 2.学生了解文本细节信息，包括人们将鲨鱼视为危险动物的原因和结果，以及人们为拯救濒临灭绝的鲨鱼而采取的行动。	课堂口头提问☑
		Activity 5： 1.The teacher puts up the questions: （1）Do you think it is right to totally believe what a film tells us? And please choose the author's purpose.	培养学生的批判性思维。	1.阅读测试题☑ 2.课堂观察☑ 3.课堂随机对话☑

续 表

	任务	活动序列	设计意图	评估实施
课时活动		（2）With our protection, what may sharks do under the water?		
		2. The teacher asks students to reconsider the relationship between so-called dangerous animals and humans and draw a picture to make a presentation.	引导学生重新思考所谓的危险动物与人类之间的关系。	1.课堂口头提问☑ 2.课堂观察☑ 3.对开放式问题的回答☑ 4.口语评价量表☑
		Activity 6: 1.学生自我评价本节课学习任务的达成度。 2.作业布置。	体现评价任务对于改进教学的推动作用。	对学习目标的自我评价量表☑

作业设计	作业目标		A	初步理解核心单词的意思，促进理解和输出表达，提升课堂学习效果。
			U	提升知识整理与运用能力，巩固本课重点知识。
			T	提升联系、搜集、整合已有知识的能力，并学会迁移运用。
	作业形式			口头作业（ ） 书面作业（√） 实践作业（ ） 项目作业（ ） 其他（ ）
	作业内容	课前	基础性 / 必做	通过回答以下问题来完成一篇作文： （1）How do you understand the title "Earth first"? （2）Have you ever noticed any environmental problems near you? （3）What can we do to help protect the environment?
			发展性 / 必做	调查校园内的环境问题及其成因，通过模仿课文例句做一个简单的报告。
		课后	基础性 / 必做	Make a poster about endangered animals and call on people to protect them.

续 表

作业设计	作业内容	课后	发展性	必做	According to the poster you made, write an essay.
			挑战性	选做	Watch the movie *Jaws* and write a movie review.
	作业评价				学生自评（　） 小组互评（√） 教师评价（√） 其他（　）

外研版必修第二册第六单元课时2教学逆向设计见表4-2-19。

表4-2-19 外研版必修第二册第六单元课时2教学逆向设计

单元主题	Book 2 Unit 6 Earth first	课时名称	Using language （1）	课时类型	Grammar
授课教师		授课班级		授课时间	
预期结果	A：获取什么		The usage of *-ing* and *-ed* as complement and their basic functions by analyzing the sentences from the passage.		
	U：理解什么		The importance of environmental protection behaviours by analysing the functions of *-ing* and *-ed* as complements.		
	T：迁移什么		Express their ideas about how to protect our earth in sentences with *-ing* and *-ed* complement.		

评估证据	维度		标准	证据	主体
	学习过程	问题意识	善于思考话题相关问题，敢于提出问题。	口头提问（√） 观察（√） 随机对话（√） 听力练习相关试题（　） 阅读理解相关试题（√） 围绕话题的对话（√）	师评（√） 生自评（　） 生生互评（√） 师生互评（　） 其他：_____
		自主探究	能自主利用网络、图书馆等途径查找所需信息，完成规定任务。		

	维度		标准	证据	主体
评估证据	学习过程	合作分享	1.能明确任务分工并与同学互帮互助。2.能恰当表达自己的观点，并能认真倾听他人想法，接受不同观点。	写作相关试题（ ）语法练习试题（ ）Speaking评价量表（ ）Writing评价量表（ ）课堂对标目标的自评量表（√）开放式问答题：无真实或拟真情境的表现性任务（ ）其他：_____	
	学习结果	A	The usage of -ing and -ed as complements and their basic functions by analysing the sentences from the passage.		
		U	The importance of environmental prote-ction behaviours by analysing the functions of -ing and -ed as complement.		
		T	Express their ideas about how to protect our earth in sentences with -ing and -ed as complement.		
	任务		活动序列	设计意图	评估实施
课时活动	1.掌握动词-ing，-ed形式在句中作补语的用法。2.利用所学语法结构正确且符合逻辑地发表对部分环境问题的看法，并提出解决办法。		Activity 1:Watch the video and answer the question._____ keeps our planet beautiful, _____, nourishing and powerful?	通过观看视频，激发学生的学习兴趣。	1.课堂口头提问☑2.课堂观察□

续　表

	任务	活动序列	设计意图	评估实施
课时 活动		Activity 2: Lead students to review the structure of objective complements they have learned and list one of the types: non-finite forms.	通过回忆所学内容，激活学生的已知知识，引出本节课所分析的内容。	1.课堂口头提问☑ 2.课堂观察☑
		Activity 3: The teacher asks students to find more sentences in the passage with similar complementary structure in the passage.	把握文本关键信息，找出文中的补语结构。	1.课堂口头提问☑ 2.课堂观察☑
		Activity 4: The teacher puts up two questions. In sentence (a), who is swimming at night? In sentence (b), who is frightened of sharks?	通过对比两个句子，引导学生总结-ing和-ed在句中作补语的功能，明确其定义。	1.课堂口头提问☑ 2.课堂观察☑
		Activity 5: Students make a comparison between -ing and -ed forms as complements. The teacher asks students to summarise the grammar rules: What are the functions of -ing and -ed as objective complements?	分析-ing和-ed在句中作补语的作用，归纳概括其功能。	1.课堂口头提问☑ 2.课堂观察☑
		Activity 6: 1.The teacher asks students to apply the grammar rules and fill in the blanks to complete the passage.	通过练习检测学生对-ing和-ed的运用，并检测学生在不同的语境中运用该语法规则的情况。	1.课堂口头提问☑ 2.课堂观察☑

续 表

	任务	活动序列	设计意图	评估实施
课时活动		2.The teacher asks students to consolidate the grammar rules and rewrite the interview about Lin Feng, a staff member working in Sanjiangyuan National Nature Reserve and make a summary of Lin Feng.		3.语法练习试题 ☑ 4.课堂随机对话 ☑
		Activity 7 : The teacher invites one student to express his ideas in -ing and -ed forms as complements on the topic: What you could do to protect environment and save our earth	联系生活实际，在真实的语境中运用所学语法规则，进一步激发对环境保护的思考。	1.课堂口头提问 ☑ 2.课堂观察☑ 3.语法练习试题 ☑

作业设计	作业目标	A	The usage of *-ing* and *-ed* as complement and their basic functions by analysing the sentences from the passage.	
		U	The importance of environmental protection behaviours analysing, the functions of *-ing* and *-ed* as complement.	
		T	Express their ideas about how to protect our earth in sentences with *-ing* and *-ed* as complements.	
	作业形式		口头作业（√）　书面作业（√）　实践作业（　） 项目作业（　）　其他（　）	
	作业内容	课前	基础性	必做	Review the grammar rules learned before.
			发展性	必做	Compare the grammar rule with the underlined sentences in the passage.

续 表

作业设计	作业内容	课后	基础性	必做	Accomplish the grammar exercises in class.
			发展性	必做	According to what you discussed about environmental protection in class, write a short passage with the newly-learned grammar rule.
			挑战性	选做	Polish your own writing and apply the newly-learned grammatical rule: -ing and -ed as complements.
	作业评价				学生自评（ ）　小组互评（√） 教师评价（√）　其他（ ）

外研版必修第二册第六单元课时3教学逆向设计见表4-2-20。

表4-2-20　外研版必修第二册第六单元课时3教学逆向设计

单元主题	Book 2 Unit 6 Earth first	课时名称	Using language（2）	课时类型	Listening & Speaking
授课教师		授课班级		授课时间	
预期结果	A：获取什么		Vocabulary and expressions related to talking about environmental protection.		
	U：理解什么		The origins and results of smog.		
	T：迁移什么		Raise the awareness of environmental protection and take action.		
评估证据	维度		标准	证据	主体
	学习过程	问题意识	善于思考话题相关问题，敢于提出问题。	口头提问（√） 观察（√） 随机对话（√） 听力练习相关试题（√） 阅读理解相关试题（ ）	师评（√） 生自评（ ） 生生互评（√） 师生互评（ ） 其他：＿＿＿
		自主探究	能自主利用网络、图书馆等途径查找所需信息，完成规定任务。		

233

	维度		标准	证据	主体
评估证据	学习过程	合作分享	1.能明确任务分工并与同学互帮互助。 2.能恰当表达自己的观点，并能认真倾听他人想法，接受不同观点。	围绕话题的对话（√） 写作相关试题（ ） 语法练习试题（ ）	
	学习结果	A	Vocabulary and expressions related to talking about environmental protection.	Speaking评价量表（√） Writing评价量表（ ） 课堂对标目标的自评量表（√） 开放式问答题： What are more ways of environmental protection? 真实或拟真情境的表现性任务（√） 其他：_____	
		U	The origins and results of smog.		
		T	Raise the awareness of environmental protection and take action.		

	任务	活动序列	设计意图	评估实施
课时活动	1.掌握与环境污染有关的词汇及语言表达，进一步了解雾霾等环境问题的起因和发展现状。 2.利用所学知识正确且符合逻辑地发表对部分环境问题的看法，并提出解决办法。	Activity 1: 1.The teacher presents some pictures and has students guess the environmental problem —smog. 2.The teacher has students talk about their prior knowledge about smog: What is smog? What causes smog?	创设情境，点明主题语境，激活学生的已有知识，激发其学习兴趣。	1.课堂口头提问☑ 2.课堂观察☑ 3.课堂随机对话☑ 4.对开放式问题的回答☑

	任务	活动序列	设计意图	评估实施
课时 活动		3.The teacher introduces one of the greatest smogs in Britain—The Great Smog, and then plays a video, and has students talk about their feelings.		
		Activity 2: Students read the seven topics and then predict which will be covered in the lecture.	培养学习策略——预测，同时为完成听力任务做好准备。	1.课堂口头提问☑ 2.课堂观察☑
		Activity 3: 1.Students listen to the lecture and chose the topics that are covered. 2.Check answers.	把握听力材料的关键信息，分析听力材料的主题。	1.课堂口头提问☑ 2.课堂观察☑ 3.听力练习相关试题☑
		Activity 4: 1.Students listen to the lecture again and complete the slides. 2.The teacher guides students to listen to the details again if necessary.	把握听力材料的关键信息，获取细节信息。	1.课堂口头提问☑ 2.课堂观察☑ 3.听力练习相关试题☑
		Activity 5: 1.The teacher asks students to choose one environmental problem each group and make a presentation to talk about the origins, results and solutions of the environmental problem. 2.The teacher invites some students to comment on others' performances.	联系生活实际，在真实的语境中运用所学知识阐述某一环境问题及其对应的解决方法，进一步深化环保这一概念。	1.对开放式问题的回答☑ 2.口语评价量表☑ 3.课堂对目标的评价量表☑ 4.真实或拟真情境的表现性任务☑

			A	Vocabulary and expressions related to talking about environmental protection.
作业设计		作业目标	U	The origins and results of smog.
			T	Raise the awareness of environmental protection and take action.
		作业形式		口头作业（√） 书面作业（√） 实践作业（√） 项目作业（ ） 其他（ ）
	作业内容	课前	基础性 必做	Watch the pictures and talk about what you know about global warming.
			发展性 必做	Look for more information about global warming on the Internet.
		课后	基础性 必做	Choose an environmental problem and discuss in groups about how to solve it.
			发展性 必做	According to your discussion, each group makes a brochure about how to reduce the environmental problems.
			挑战性 选做	Gather more English terms related to environmental issues and make a table with explanations of these terms and your own opinions.
		作业评价		学生自评（ ） 小组互评（√） 教师评价（√） 其他（ ）

外研版必修第二册第六单元课时4教学逆向设计见表4-2-21。

表4-2-21 外研版必修第二册第六单元课时4教学逆向设计

单元主题	Book 2 Unit 6 Earth first	课时名称	Developing ideas（1）	课时类型	Reading
授课教师		授课班级		授课时间	40mins
预期结果	A：获取什么		Vocabulary and expressions related to green truths and environmental protection.		

预期结果	U：理解什么		What's really green in our daily life and explain the reason.		
	T：迁移什么		Apply critical thinking to analyse more green truths.		
评估证据	维度		标准	证据	主体
	学习过程	问题意识	善于思考话题相关问题，敢于提出问题。	口头提问（√）观察（√）随机对话（√）听力练习相关试题（ ）阅读理解相关试题（√）围绕话题的对话（√）写作相关试题（ ）语法练习试题（ ）Speaking评价量表（ ）Writing评价量表（ ）课堂对标目标的自评量表（√）开放式问答题：How "green" are you and what can you do to become "greener"?真实或拟真情境的表现性任务（√）其他：_____	师评（√）生自评（ ）生生互评（√）师生互评（ ）其他：_____
		自主探究	能自主利用网络、图书馆等途径查找所需信息，完成规定任务。		
		合作分享	1.能明确任务分工并与同学互帮互助。2.能恰当表达自己的观点，并能认真倾听他人想法，接受不同观点。		
	学习结果	A	Vocabulary and expressions related to green truths and environmental protection.		
		U	What's really green in our daily life and explain the reason.		
		T	Apply critical thinking to analyse more green truths.		

续 表

	任务	活动序列	设计意图	评估实施
课时活动	1.纠正对所谓绿色真相的错误认识，形成正确的保护环境的理念。 2.学会辩证地思考环保理念的真实性，采取具体行动，表达并践行环保理念。	Activity 1: 1.Guess what "green" means in the title. 2.Present the results of pre-class questionnaires.	1.通过让学生猜测题目的含义引入主题，引发学生兴趣和思考。 2.通过呈现前测的问卷调查结果，激活学生已有的知识，进而引入文本。	1.课堂口头提问☑ 2.课堂观察☑
		Activity 2: True or False. students read the passage to decide if the four subheadings are true or false.	引导学生获取文章的关键信息。	1.课堂观察☑ 2.阅读理解相关试题☑
		Activity 3: Find out the cause of the effect and finish the mind-map on the sheet.	引导学生了解文章的基本结构。	1.课堂口头提问☑ 2.课堂观察☑ 3.阅读理解相关试题☑
		Activity 4: Check the answer of pre-class task and answer the question. Which of the "green truths" surprise you most? And the teacher makes a conclusion.	再次回扣文章主题，激发学生的批判性思考。	1.课堂口头提问☑ 2.课堂观察☑ 3.课堂随机对话☑
		Activity 5: 1.The teacher puts up a question. Are you aware of any other "green truths" that are not true? Students share their ideas in groups and present them in class. 2.Other students give them a score with a criterion.	鼓励学生联系生活实际，发展其批判性思维。	1.课堂口头提问☑ 2.课堂观察☑ 3.课堂随机对话☑ 4.课堂对目标的评价量表

续 表

	任务	活动序列	设计意图	评估实施
课时活动		Activity 6: Summary & Homework	总结本文主题，在理论层面，需了解正确的绿色真相；在实践层面，应在日常生活中以正确且科学的方式保护环境，践行正确的绿色环保理念。	1.课堂观察☑ 2.课堂对目标的评价量表☑
作业设计	作业目标	A	Vocabulary and expressions related to green truths and environmental protection.	
		U	What's really green in our daily life and explain the reason.	
		T	Apply critical thinking to analyse more green truths.	
	作业形式		口头作业（√）　书面作业（√）　实践作业（√） 项目作业（　）　其他（　）	
	作业内容	课前	基础性	必做	Preview the subheadings of the passage.
			发展性	必做	Look for information about green life on the Internet.
		课后	基础性	必做	Summarise and retell the cause and effect with your mind map.
			发展性	必做	Analyse other green truths to check if they are true or false and create a talk with the newly-learned useful expression.
			挑战性	选做	Give a speech on "green life."
	作业评价		学生自评（√）　小组互评（√） 教师评价（√）　其他（　）	

外研版必修二第六单元课时5教学逆向设计见表4-2-22。

表4-2-22　外研版必修二第六单元课时5教学逆向设计

单元主题	Book 2 Unit 6 Earth first	课时名称	Developing ideas（2）	课时类型	Writing
授课教师		授课班级		授课时间	

预期结果	A：获取什么	Master the content, language and structure of the persuasive letter.
	U：理解什么	The effect and importance of an environmental persuasive letter in reality.
	T：迁移什么	Form an advanced environmental protection concept and practise a correct and environmentally friendly lifestyle in daily life.

评估证据	维度		标准	证据	主体
	学习过程	问题意识	善于思考话题相关问题，敢于提出问题。	口头提问（√）观察（√）随机对话（√）听力练习相关试题（　）阅读理解相关试题（√）围绕话题的对话（　）写作相关试题（　）语法练习试题（　）Speaking评价量表（√）Writing评价量表（√）课堂对标目标的自评量表（√）	师评（√）生自评（　）生生互评（√）师生互评（　）其他：_____
		自主探究	能自主利用网络、图书馆等途径查找所需信息，完成规定任务。		
		合作分享	能明确任务分工并与同学互帮互助；能恰当表达自己的观点，并能认真倾听他人想法，接受不同观点。		
	学习结果	A	Master the content, language and structure of the persuasive letter.		
		U	The effect and importance of an environmental persuasive letter in reality.		

续　表

	维度		标准	证据	主体
评估证据	学习结果	T	Form an advanced environmental prote-ction concept and pra-ctise a correct and envir-onmentally friendly lifestyle in daily life.	开放式问答题：How do you "green" in your daily life? 真实或拟真情境的表现性任务（　　）其他：＿＿＿＿＿	

	任务	活动序列	设计意图	评估实施
课时活动	1.掌握倡议信的书写结构和文章特点。2.完成倡议信的书写，将环保理念转化为具体的环保举措。	Activity 1：1.The teacher invites students to brainstorm the waste they usually see on the campus. 2.The teacher asks students to think about how to solve the waste problems they see on the campus.	联系学生生活实际，引入主题。激活学生已有知识，引发学生兴趣，激励学生进行创新性思考。	1.课堂口头提问☑ 2.课堂观察☑
		Activity 2：The teacher asks students to read a persuasive letter to extract detailed information. 1.What is the purpose of the letter? 2.What is the existing problem? 3.What are the proposed actions from Class 8?	通过阅读上一个活动中学生提到的倡议信范本，帮助学生初步理解倡议信的文章结构和写作特点。	1.课堂口头提问☑ 2.课堂观察☑ 3.阅读理解相关试题☑
		Activity 3：The teacher asks students to read the letter again to summarise all the persuasive devices.	帮助学生进一步理解倡议信的文章结构和写作特点。	1.课堂观察☑ 2.阅读理解相关试题☑ 3.课堂观察☑

续　表

	任务			活动序列	设计意图	评估实施
课时 活动				Activity 4: Pick up a new problem mentioned in Activity 1 and ask students to brainstorm the newly-learnt words and expressions related to the new topic.	充分运用所学知识，培养创新性思维。	1.课堂观察☑ 2.课堂随机对话☑
				Activity 5: The teacher asks students to write a persuasive letter to call on everyone to participate in "×××campaign".	充分运用所学知识，培养创新性思维。	
				Activity 6: 1.Students exchange their works and check whether the writing is satisfying or not, and give their comments. 2.Students show their writings and gives comments in class.	通过对学生自主创作的倡议信进行分享以及生生互评，进一步让学生体会倡议信的风格特点，进而深化保护环境的意识。	1.课堂观察☑ 2.Speaking评价量表☑ 3.Writing评价量表☑ 4.课堂对目标的评价量表☑
作业 设计	作业目标		A	Master the content, language and structure of the persuasive letter.		
			U	The effect and importance of an environmental persuasive letter in reality.		
			T	Form an advanced environmental protection concept and practise a correct and environmentally friendly lifestyle in daily life.		
	作业形式			口头作业（√）　书面作业（√）　实践作业（　） 项目作业（　）　其他（　）		
	作业 内容	课前	基础性	必做	Make a brief survey in class about the waste in campus.	
			发展性	必做	Analyse the result of the survey and try to think over the solutions.	

<table>
<tr><td rowspan="5">作业设计</td><td colspan="3">作业形式</td><td>口头作业（√）　书面作业（√）　实践作业（√）
项目作业（　）　其他（　）</td></tr>
<tr><td rowspan="3">作业内容</td><td rowspan="3">课后</td><td>基础性　必做</td><td>Polish your writing according to the evaluations.</td></tr>
<tr><td>发展性　必做</td><td>Select several persuasive letters and send them to the school administration and print them if necessary.</td></tr>
<tr><td>挑战性　选做</td><td>（略）</td></tr>
<tr><td colspan="3">作业评价</td><td>学生自评（√）　　小组互评（√）
教师评价（√）　其他（　）</td></tr>
</table>

外研版必修第二册第六单元课时6教学逆向设计见表4-2-23。

表4-2-23　外研版必修第二册第六单元课时6教学逆向设计

<table>
<tr><td>单元主题</td><td>Book 2 Unit 6 Earth first</td><td>课时名称</td><td>Presenting ideas</td><td>课时类型</td><td>Speaking</td></tr>
<tr><td>授课教师</td><td></td><td>授课班级</td><td></td><td>授课时间</td><td></td></tr>
<tr><td rowspan="3">预期结果</td><td>A：获取什么</td><td colspan="4">Carry out a survey on personal carbon footprint and come up with measures of dealing with it.</td></tr>
<tr><td>U：理解什么</td><td colspan="4">The related knowledge about the carbon footprint and the importance of reducing it.</td></tr>
<tr><td>T：迁移什么</td><td colspan="4">Develop the awareness of Earth first and take corresponding measures to protect the Earth in real life.</td></tr>
<tr><td rowspan="3">评估证据</td><td colspan="2">维度</td><td>标准</td><td>证据</td><td>主体</td></tr>
<tr><td rowspan="2">学习过程</td><td>问题意识</td><td>善于思考话题相关问题，敢于提出问题。</td><td rowspan="2">口头提问（√）
观察（√）
随机对话（　）
听力练习相关试题（　）
阅读理解相关试题（　）</td><td rowspan="2">师评（√）
生自评（√）
生生互评（√）
师生互评（　）
其他：_____</td></tr>
<tr><td>自主探究</td><td>能自主利用网络、图书馆等途径查找所需信息，完成规定任务。</td></tr>
</table>

续 表

	维度		标准	证据	主体
评估证据	学习过程	合作分享	能明确任务分工并与同学互帮互助；能恰当表达自己的观点，并能认真倾听他人想法，接受不同观点。	围绕话题的对话（ ） 写作相关试题（ ） 语法练习试题（ ） Speaking评价量表（√） Writing评价量表（ ） 课堂对标目标的自评量表（√） 开放式问答题：What things or behaviours can create carbon footprints? 真实或拟真情境的表现性任务（ ） 其他：_____	
	学习结果	A	Carry out a survey on personal carbon footprint and come up with measures of dealing with it.		
		U	The related knowledge about the carbon footprint and the importance of reducing it.		
		T	Develop the awareness of Earth first and take corresponding measures to protect the Earth in real life.		
	任务		活动序列	设计意图	评估实施
课时活动	1.完成碳足迹相关的调查，并对结果进行汇报和分享。 2.树立保护环境的意识，并将行动付诸实践。		Activity 1: Watch and answer. It's the amount of ____ released into the environment by your activities. If we ignore carbon footprints, we will feel the impacts of _____.	激活学生已有知识，为接下来学生口头观点表述和理由陈述做好充分的准备。	1.课堂口头提问☑ 2.课堂观察☑ 3.对开放式问题的回答☑ 4.课堂对目标的评价量表☑

续 表

	任务			活动序列	设计意图	评估实施
课时活动				Activity 2: The teacher asks a question. What things or behaviours can create carbon footprints? Students think and share their opinions.	鼓励学生运用本单元所学内容，有条理地表述观点。	1.课堂观察☑ 2.Speaking评价量表☑ 3.课堂对目标的评价量表☑
				Activity 3: Questionnaire. Students accomplish a questionnaire about carbon footprints and compare the results.	激发学生兴趣，补充主题相关的背景知识。	1.课堂观察☑ 2.调查问卷☑
				Activity 4: Students work in groups and make measures to reduce their carbon foot prints.	联系生活实际，引导学生进一步加深对环境保护的理解，并升华单元主题。	1.课堂观察☑ 2.Speaking评价量表☑ 3.课堂对目标的评价量表☑
作业设计	作业目标		A	Carry out a survey on personal carbon footprint and come up with measures of dealing with it.		
			U	The related knowledge about the carbon footprint and the importance of reducing it.		
			T	Develop the awareness of Earth first and take corresponding measures to protect the Earth in real life.		
	作业形式			口头作业（√）　书面作业（　）　实践作业（　） 项目作业（　）　其他（　）		
	作业内容	课前	基础性	必做	Look for more information about the carbon footprint on the Internet.		
			发展性	必做	Make a brief introduction to the carbon footprint, including how it produced and its harms.		

续　表

作业设计	作业内容	课后	基础性	必做	Make a report about their survey made in class.
			发展性	必做	Make a brochure about the carbon footprint.
			挑战性	选做	（略）
	作业评价				学生自评（　　）　　小组互评（√） 教师评价（√）　　其他（　　）